メリー・クリスマス・トゥ・ユー！

Merry Christmas To You !

岸本大樹・大嶋重徳・大田裕作・錦織寛
菊池実・神山美由記・安藤理恵子

はじめに

イエス・キリストがいつお生まれになったのか、つまり最初のクリスマスがいつであったか、それは定かではありません。聖書にもその日がいつであったかは記されていません。十二月二十五日がクリスマスと定められたのは、イエス・キリストがお生まれになってからずっと後のことです。

しかし、イエス・キリストがこの世にお生まれになったことは事実です。そして、イエス・キリストの存在、その教えと働きによって、数え切れない人たちが生きる喜びを見いだしたことも事実です。

この本を手に取ったあなたにも、イエス・キリストによる喜びを知ってほしい。そう思って、このメッセージ集を作成しました。

執筆者の選任についてはキリスト者学生会（ＫＧＫ）での同僚だった大嶋重徳先生（鳩ヶ谷福音自由教会牧師）と相談させていただきました。大嶋先生と私を含めて執筆者七名は、それぞれ所属する教会や学んだ神学校だけでなく、メッセージのスタイルや個性までもが異なります。しかし、何とかして一人でも多くの方にイエス・キリストによる喜びを伝えたいという思いは同じです。

クリスマスにはお近くの教会に足をお運びくだされば幸いです。多種多様な教会がありますが、そこでもイエス・キリストによる喜びが語られています。

あなたの上にイエス・キリストの祝福が豊かにありますように。

二〇二二年十月

執筆者を代表して　岸本大樹

目次

装幀　光後民子

神の夢を見るクリスマス

大嶋　重徳

イエス・キリストの誕生は次のようであった。母マリアはヨセフと婚約していたが、二人がまだ一緒にならないうちに、聖霊によって身ごもっていることが分かった。夫のヨセフは正しい人で、マリアをさらし者にしたくなかったので、ひそかに離縁しようと思った。彼がこのことを思い巡らしていたところ、見よ、主の使いが夢に現れて言った。「ダビデの子ヨセフよ、恐れずにマリアをあなたの妻として迎えなさい。その胎に宿っている子は聖霊によるのです。マリアは男の子を産みます。その名をイエスとつけなさい。この方がご自分の民をその罪からお救いになるのです。」このすべての出来事は、主が預言者を通して語られたことが成就するためであった。

「見よ、処女が身ごもっている。

そして男の子を産む。

その名はインマヌエルと呼ばれる。」

それは、訳すと「神が私たちとともにおられる」という意味である。ヨセフは眠りから覚めると主の使いが命じたとおりにし、自分の妻を迎え入れたが、子を産むまでは彼女を知ることはなかった。そして、その子の名をイエスとつけた。

（新約聖書「マタイの福音書」1章18～25節）

はじめに

街にはクリスマスソングが流れ、幸せな空気が満ちています。どんなクリスマスをお過ごしでしょうか。クリスマスはイエス・キリストの誕生を祝う日です。

しかし世界の最初のクリスマスは、決して華やかな日ではありませんでした。一人の男の苦悩に満ちたクリスマスだったのです。マタイの福音書には、ルカの福音書に記されるマリアに天使が現れる受胎告知や、大空に現れた天使たちの賛美もありません。イエス・キリストの父親になるヨセフに注目します。

たくさん描かれているクリスマス聖画で、ヨセフは全く目立った場所にはいません。いつも光が当たっているのは飼い葉桶のイエス様と母になったマリアです。ヨセフはその二人の影にこっそり立っているだけの非常に地味な存在です。そして今日の箇所に記されているのは、ヨセフがどんなに悩んだかということです。この一人のまじめな男性の苦悩を通して、18節「イエス・キリストの誕生は次のようであった」と語りかけるクリスマスは、私たちにとってどんな意味があるのでしょうか。

ヨセフの抱える悩み――〝正しいからこそ悩む悩み〟

18節「母マリアはヨセフと婚約していたが、二人がまだ一緒にならないうちに、聖霊によって身ごもっていることが分かった。」

ヨセフとマリアはこの時、婚約中でした。当時のユダヤ社会の結婚へのプロセスは、まず「両家の結婚の合意」。次に「花婿から花嫁の父に花嫁料を支払う」。結構な金額を渡し、「俺はマリアを守れるデキる男」のアピールをしなければなりませんでした。そして「両家の婚約を公式に発表」。次に「一年間両親の元で生活し、結婚の準備をする」。そして「一年後、一週間にわたる盛大な結婚式をあげ、二人で結婚生活を始める」でした。

この時の二人は、婚約後の結婚を心待ちにしている時だったのです。もうどれだけ結婚する日を楽しみにしていたでしょうか。しかし、ここで事件が起きるのです。この婚約中にマリアが聖霊によって妊娠したということがわかったのです。

マリアはヨセフに伝えたでしょう。「ヨセフ、聞いて。わたし聖霊によって妊娠したの。」ヨセフにとってとてつもない衝撃だったでしょう。愛する婚約者が妊娠している。聖書の教えに従って結婚まで体の関係を持つことがなかった二人の間でした。当然、自分には身に覚えはない。これまでの二人の付き合いは、いったい何だったのだろうかと考えたはずです。到底「聖霊によって妊娠した」と言われて信じることなどできない。「誰かにマリアは誘惑されたのか？」「不幸な事件に巻き込まれてしまったのか？」自宅にマリアの部屋も準備し、楽しみに待ってきた結婚を前に、ヨセフの身に絶望としか言いようのないことが起こりました。

この当時、婚約中の男女が他の人と性的な関係を持ったことが分かると、ユダヤの法律では石打ちの刑にされる可能性がありました。一方、目の前のマリアは、愛するヨセフに「信じてもらえない」悲しみと、捨てられるかもしれない不安で震えるようにヨセフを見ている。

正しい人ヨセフ

19節「夫のヨセフは正しい人で、マリアをさらし者にしたくなかったので、ひそかに離縁しようと思った」とあります。

この「正しい人」とは「まじめで厳しい人」ではなく、「神様の前の正しさをもった人」という意味です。ヨセフは聖書の神様を信じ、生きてきた人でした。ナザレの村で長い間、誠実に大工の仕事しながら、神様を信じ、聖書を自分の生き方の正しさとして生きていこうとした人だったヨセフです。

この正しい人ヨセフが苦悩したのです。聖書を読んで、神様を信じていたら悩まないかというと、そんなことはありません。むしろ正しいからこそ苦悩することがあるのです。「聖書から見て、あなたに起こったことは罪だ！」と裁くことは簡単です。しかしヨセフは、どんなやり方であれば、愛したマリアを守ることができるのかを考えたのです。正しい人ヨセフの悩みがクリスマスによって始まりました。

さらし者にしたくなかった

そしてヨセフの正しさは、「マリアをさらし者にしない」という決断をします。この当時、離婚の手続きには二通りのやり方がありました。一つは「さらし者にする」です。これは裁判に訴え出て、離婚手続きをするやり方です。マリアの父親に支払った莫大な花嫁料が返ってきました。またヨセフには「ひどい女性に捕まったな」と同情が集まります。裏切られた思いのヨセフの怒りも少しは収まるかもしれない。裁判所の判断によっては、マリアは石打ちの刑となります。もう一つのやり方は「ひそかに離縁する」です。表沙汰にすることなく、二人以上の証人の前でひそかに縁を切るというやり方です。これは「花嫁料」は戻ってこず、男性に後ろめたいことがある場合、よくこのやり方をしました。

ヨセフの正しさは、こちらを選んだのです。「ひそかに離縁する」結果、理由を知らされない周囲の人は、「ヨセフはマリアに手を出し、妊娠までさせた。それなのに今さらマリアと別れるとは何と酷《ひど》い男だ」とマリアに同情が集まる。ヨセフは「自分が街の人々の非難や陰口を引き受けることができれば、マリアとお腹の子どもはこの街でなんとか生きていけるんじゃないか」と考えたのです。たとえ「なんと勝手な男だろうか」「ヨセフ、がっかりした」と周りの人に自分が言われようとも、いろんなことを覚悟して、19節「思った」のです。これが彼の正しさの中で、考え出した結果でした。

思いが巡る孤独な夜

しかし20節「彼がこのことを思い巡らしていたところ」とあります。「ひそかに離縁する」と決めたけれども、思いは巡ったのです。「自分はここから先、この町でどれほど責められるだろうか」「自分の長年してきた大工の仕事を失ったりするんじゃないか」と考えたでしょう。

ヨセフはマリアの言う言葉を信じ、彼女をそのまま受け入れることも考えたはずです。「でも自分は生まれてくる子どもを愛せるだろうか。」「マリアへの疑いを持ち続けることになるだろう。いつか嫉妬にかられ、マリアと生まれてくる子どもに酷《ひど》いことをしてしまうんじゃないか。」マリアのために自分の考えられる精一杯のことをしようと決めたけれど、思いは巡りました。しかもこの思いをどんなに親しい友人にも、家族にも打ち明けるわけにはいかない。一人で思い悩む孤独な夜を過ごしたのです。

自分の精一杯の悩みと思い

私も二十代の時にお付き合いした人のことで傷ついたことがありました。裏切られた気持ちになり、受け止めることができずに苦しみました。「でも神様が彼女を赦《ゆる》しているのに、どうして自分は赦せないのだろうか」と思いました。「赦したい。でも……赦せない。」そしてそんな赦せない自分に激しく落ち込みました。夜中に一人で部屋にいられずに、自転車で走って泣きながら、

「全てに感謝しよう♪」と讃美歌を歌いました。でも感謝なんて到底できない。夜も眠れず、川沿いを歩きながら、生まれて初めて死にたくなった時でした。「どうして自分の人生にこんなことがあるのだろうか。俺、結構ちゃんと神様信じてやったきたつもりだったのに……。神様、なぜこんなことをするんですか。」

クリスチャンになってからも、「なんでこんなことがあるのだろうか」ということがあります。うまくいかない人生。自分のできる精一杯のことをしようとしたにもかかわらずです。

神の見せられた夢——ヨセフを変えた主の使いの言葉

この深い悩みの中で、ヨセフは夢を見るのです。人生の行き詰まりの中で、神様は夢をヨセフに見せられる。しかもその夢の内容は、正しい人ヨセフの正しさをはるかに超えた夢でした。ヨセフの精一杯考え抜いたその計画を手放すように、夢はヨセフに語りました。そしてその眠りから覚めたとき、正しい人ヨセフの人生を変えるのです。ヨセフはマリアとお腹の子どもを自分の人生に迎え入れます。いったい、何がヨセフに起こったのでしょうか。

「恐れずに」

夢に現れた主の使いは語ります。20節「ダビデの子ヨセフよ、恐れずにマリアをあなたの妻として迎えなさい。その胎に宿っている子は聖霊によるのです。マリアは男の子を産みます。その名をイエスとつけなさい。この方がご自分の民をその罪からお救いになるのです。」

　主の使いは、三つのことをヨセフに語りました。

　一つ目は「ヨセフよ、恐れずにマリアをあなたの妻として迎えなさい。その胎に宿っている子は聖霊によるのです」です。主の使いは「恐れずに」と言いました。ヨセフの「恐れ」をよく理解してくれていました。この時、ヨセフの感情の中心にあったのは「恐れ」でした。「自分はこの先どうなってしまうんだろうか」という将来への恐れ。マリアに対する怒りと誰かもわからない妊娠させた相手への怒りに、コントロールの効かない自分がいたでしょう。「憎しみでおかしくなってしまうのではないか」という恐れがあったでしょう。神への信仰を失ってしまう恐れもあったでしょう。

　しかし神はヨセフの「恐れ」をよく知ってくださっていました。私たちもいろんな恐れを持っています。人生の不安があります。愛のない自分、うまく生きていくことのできない自分、自分の弱さがバレてしまう恐れ。「それらを私は知っている」と神様は言ってくださるのです。その上で「恐れなくて良い」と言われるのです。

　ヨセフが恐れなくても良い理由を、「その胎に宿っている子は聖霊によるのです」と、「あなたの人生に起こった出来事は、聖霊によるものだ。神様がなさっていることだ」と主の使いは言いました。

もし神がおられるのでなければ、私たちの悩みのほとんどの原因は、自分が無力なせいか、ほかの誰かのせいです。その結果、どこまでも自分を責めて、落ち込むか、「あいつが悪い」と誰かを責め続けて生きるか、あるいはなかったことのようにして諦《あきら》めて忘れて生きる以外、方法はありません。

しかし聖書はあなたに語るのです。「神がおられる。」神様があなたの人生に最善のことをなそうとしておられる。どうして今そうなのか。原因の全部はわかりません。しかし神があなたの人生を愛し、あなたの人生に計画を持っておられると聖書は語ります。あなたが自分で立てる計画以上に、最善の神の計画がある。そこで神は「恐れなくていい。神によることだ。神に委《ゆだ》ねて生きる人生を歩みなさい」と語りかけられるのです。その時、むしろ安心して、私たちは悩むことすらできるのです。

「あなたが深く恐れていることも、あなたがこの日まで正しく生きてこようとしたことも、このことで深く思い悩んでいることも、あなたの人生に起こっているすべての出来事は神の手の中にあることだ」と、不安のただ中で、主の使いの言葉はヨセフを励ましたのです。

「イエスと名づけなさい」

第二のことは、「マリアは男の子を産みます。その名をイエスとつけなさい」です。主の使いはお腹の子どもの名前を「イエス」とつけなさいと言いました。イエスとは「神は私の救い」という意味です。「ヨセフ、あなたの恐れているものに『神はわたしの救い』と名づけなさいと語ったのです。まさにマリアのお腹にいる子どもこそ、ヨセフの恐れの中心でした。しかし今、そこに向かって、「ここに私の救いがある」と口にしなさいと主の使いは言ったのです。問題の真っただ中に神の救いがある。あなたの救いは今、あなたの目の前に神の救いがあるのだ。

この出来事を23節でこう説明します。「『見よ、処女が身ごもっている。そして男の子を産む。その名はインマヌエルと呼ばれる。』それは、訳すと『神が私たちとともにおられる』という意味である。」

神様は孤独に悩むヨセフを一人にはしませんでした。神様がヨセフと共にいてくださったのです。いやインマヌエルと呼ばれることとなる神が、ヨセフとすでに一緒にいてくださったのです。

ヨセフはこの後、子育ての中で、何度も「イエス！　朝ごはんだよ」と声をかけたでしょう。「イエス、お父さん、仕事に行くよ」「イエス、もう寝なさい」と、日常のありとあらゆるところで、ヨセフは「神がわが救い」と口にすることとなったのです。ヨセフは日常のいたるところに「神の救いはある」と告白し続けることとなりました。

実はイエスという名前はこの当時、取り立てて珍しい名前ではありませんでした。イスラエルの親のつける平凡な名前でした。しかしこの平凡さがかえってヨセフに落ち着きを与えてくれたでしょう。「イエスという名前か……。神様の救いが自分にあるんだな。」ヨセフの孤独の時間に、一人で悩んだ場所で、「イエスと名づける」とは、「ここに神様からの私の救いがある」という救いを見いだす眼差《まなざ》しを与えられたのです。

「この方がご自分の民をその罪からお救いになるのです」

そして三つ目、何よりヨセフの心に響いた言葉は「この方がご自分の民をその罪からお救いになるのです」という言葉でした。ヨセフは正しい人でした。婚約前も、神様に従って生きていこうと一生懸命でした。マリアの妊娠がわかった時も、人間的に言えばマリアの犯したとみられる罪をかばうことに一生懸命になったのです。ある意味、男気を見せたヨセフの決断でした。

しかし、ここで主の使いは「ご自分の民の罪」と、罪について語りました。ヨセフはこの一連の出来事の中で、自分の罪深さに苦しんでいたはずです。ヨセフは、いくら「聖霊によって身ごもったの」と言われても、マリアを信じることはできませんでした。マリアを守ろうとしたといっても、それもまた自分が深く傷つかないように自分を守る、自分中心の罪深い自分でしかありませんでした。この出来事でヨセフは自分の正しさの中に、どうしようもない自分の正しさの限界を知らされたのです。自分の愛の弱さ、愛の限界を知らされたのです。だからこそ主の使いの「ご自分の民の罪を救う」という言葉が、彼をとらえたのです。「ヨセフ、あなたもまたこの救いを受け取りなさい。あなたの罪の赦しを受け取りなさい。」こう響いたのです。

自分の正しさに生きることに破綻したヨセフ。それは今日、ここにいる私たちの姿でしょう。どこまで行っても、愛のない自分、自分の正しさで大切な人を傷つけてしまう自分。自分の計画を握りしめ、神様に従うことを拒む自分がずっと居続けている。そんなあなたにも、クリスマスに主の使いは「この方に、あなたはあなたの罪を救っていただきなさい」と語るのです。

赦せないからこそ

私が二十代の前半に、赦《ゆる》せない思いで苦しんでいる時のことです。この出来事を、信頼するある牧師に聞いてもらいました。その牧師はずっと「うんうん」とうなずきながら聞いてくれた後、「大嶋さ。今、イエス様はお前になんて言っていると思う?」と聞きました。私はしばらく考えて「イエス様は僕に彼女を赦せと言っていると思います」と答えました。するとその牧師は「大嶋。イエス様はお前にそんなことを言っていないぞ。もっと考えろ」と言ったのです。

じっと考えました。そして頭に思い浮かんだことを答えました。「イエス様は、赦すことのできない僕に『彼女を赦せないあなたを赦している。愛しているよ』と言ってくれていると思います」と答えました。途中、涙が溢《あふ》れて溢れてしようがありませんでした。やっぱり赦せない自分がそこにいました。孤独で一人恐れている自分がいました。しかし、愛のない自分をそれでも愛してくれる神様と出会ったのです。人を赦せない自分を赦し、自分の赦せない罪から救ってくださる神の愛に包まれた瞬間でした。そして、泣きながら少しずつ傷ついた私の心が癒やされていくのを感じました。

私たちはこの「ご自分の民を救ってくださる方」の手によって、何度も何度も、救われ続けるのです。何度も悩みながら、何度も罪を悔い改める。一向に変わらない自分に落ち込むのではなく、「あなたを救う」と言っておられる神の言葉を信じていくのです。この神が日常のどこにおいても私たちと共にいてくださる。そしてすべてを聖霊の働きの中で導いてくださる。だから恐れなくて良い人生が与えられるのです。

神の言葉に生きること

そして24節「ヨセフは眠りから覚めると主の使いが命じたとおりにし、自分の妻を迎え入れたが、子を産むまでは彼女を知ることはなかった。そして、その子の名をイエスとつけた。」

「妻を迎え入れる」ことは、そのままヨセフにとってイエス・キリストの救いを受け入れることでした。ヨセフに迎え入れられた時、マリアはどれだけ愛を感じたでしょうか。「知る」とは体の関係を持つことを意味します。子どもが生まれるまで、ヨセフは待ったのです。マリアに起こった聖霊による出来事を信じ抜いた愛の証《あかし》です。マリアはどれほど自分を大切にされていると感じたことでしょうか。

ヨセフは夢を見るだけではなく、神の見せてくださった夢に生きることを選びました。夢の怖いところは、「ああ、夢だった」と終わらせることもできるからです。マリアの妊娠のように身体に徴候が出てくるわけではありません。夢は手応えも、手触りもありません。余韻しか残らない。不確かな記憶のみです。しかしヨセフは夢から覚めた時、「主の使いが命じたとおりに」しました。夢に生きたのです。

信仰の決断へ

実はマタイの福音書には、その始まりに長々とヨセフの家の系図が出てきます。ヨセフは自分がダビデの家系であることも、自分の家系からメシアの誕生があることも知っていました。そのメシアは旧約聖書のイザヤ書7章14節で「見よ、処女が身ごもっている。そして男の子を産み、その名をインマヌエルと呼ぶ」と記されていることも知っていたはずでした。ヨセフはこの出来事の中で、何度も聖書のイザヤ書の言葉が頭によぎったことでしょう。「もしかして聖書の記されていることに、自分が選ばれたのではないだろうか」と。しかしヨセフが決断するという「夢に生きる」ためには、「夢を見る」という神様の助けが必要でした。

私たちも、神様を信じる決断をすることは簡単なことではないでしょう。しかしあなたは不思議な導きの中で、この本を手に取ってくださっています。もしかするとこの本を大切な人からプレゼントされたかもしれません。「この本を読んでほしい」と願っている人は、あなたにイエス・キリストを信じてほしいと願ってプレゼントしたのでしょう。もしあなたがキリストを信じる決断をしてくださったなら、きっとマリアがヨセフに受け入れられた時のような喜びがクリスマスに生まれることでしょう。

すでにあなたにはヨセフの系図のように、神様からの選びがもうあるのだと私は信じています。ヨセフがマリアとイエス・キリストを受け入れたように、あなたにもいつか神様を信じる日がきっと来ると思います。その日が来るまで、ゆっくりと悩んでいただけたらと思います。

クリスマスは、一人の男性ヨセフの悩みの物語でした。悩みながら神に出会っていったのです。キリスト教は「悩んではいけない」信仰ではありません。しっかりと悩んで、何度も考えて、ぜひお近くのキリスト教会をお訪ねしてほしいと思います。そこにあなたを助けてくれる牧師がいるでしょう。あなたの恐れを理解し、聖霊による人生を説明し、神の救いを話してくれ、罪からの救いについて語ってくれるはずです。

あなたにとって、キリストと会うことになるクリスマスになりますように。この本があなたの信仰の決断の助けになりますように。お祈りしています。

飼葉桶の中に

大田　裕作

そのころ、全世界の住民登録をせよという勅令《ちょくれい》が、皇帝アウグストゥスから出た。これは、キリニウスがシリアの総督であったときの、最初の住民登録であった。人々はみな登録のために、それぞれ自分の町に帰って行った。ヨセフも、ダビデの家に属し、その血筋であったので、ガリラヤの町ナザレから、ユダヤのベツレヘムというダビデの町へ上って行った。身重になっていた、いいなずけの妻マリアとともに登録するためであった。ところが、彼らがそこにいる間に、マリアは月が満ちて、男子の初子を産んだ。そして、その子を布にくるんで飼葉桶《かいばおけ》に寝かせた。宿屋には彼らのいる場所がなかったからである。

（新約聖書「ルカの福音書」２章１〜７節）

初めての出会い

メリー・クリスマス!!　クリスマスおめでとうございます。

皆さんがたにとって、初めてキリスト教に触れた、あるいは聖書を手にされたのはいつだったでしょうか？　クリスチャンの家庭に生まれた方には、いつ頃からという記憶はないでしょうが、それ以外の方なら「あの頃に……」と記憶をたどることができるでしょう。

私は三重の片田舎の漁師町に育ちました。町に一つだけあった教会には、幼少年期には出入りする機会はありませんでした。する機会はありませんでした。初めて聖書というものに触れたのは高校二年生でした。幼少年期には出入り松阪という町に下宿して高校に通っていた当時、文学部に学んでいた兄から二箱の段ボールが届きました。小説や評論などの中に、薄っぺらいペーパーバックの聖書の分冊が入っていました。それはマタイ福音書、ヨハネ福音書、使徒行伝などで、茶色い再生紙のザラっとした手触りでした。「ははあ、これが聖書なるものか」が第一印象でした。手に取り、読み始めようとしましたが、その折はご多聞に漏れず、マタイ福音書の系図で挫折してしまいました。何しろカタカナの名前の連続で、何の意味があるのか、「アメリカの人はこんなものを有難《ありがた》がって読んでいるのか」でした。

それから数年経って、今度は聖書の内容にガツンと音の出るような衝突をしました。その時の体験も織り交ぜながら、ルカの福音書の2章を開きます。お話のタイトルは「飼い葉桶の中に」です。

歴史の中に

ルカの福音書2章1～7節ですが、これは主イエスの誕生が歴史の事実であったという証言です。神話や昔物語では、いつとかどこでとかは特定できません。「昔、むかし、あるところに」といった具合です。しかし聖書の記述はそうではありません。

When　ローマ帝国の皇帝がアウグストゥス、シリア地方に派遣された総督キリニウスの時代の最初の住民登録の年とあり、歴史家はその年代を特定できます。

Where　ユダヤ地方、ベツレヘムという村。都エルサレムから東南八キロの村。

Who　ダビデの子孫のヨセフとそのいいなづけの妻マリア。

What　長男を出産した。

How　その生まれた子が飼葉桶に寝かせられた。

私がこの出来事の中で最も感動する場面です。宿屋には場所がなかったと書かれています。何ということか。若い夫婦が、北の町ナザレから百二十キロの尾根道を三日も四日もかけて、先祖の村ベツレヘムにたどり着く。着いてみると、日頃は何の変哲もない村がごった返している。英雄ダビデ王の出生地だから、その子孫末裔《まつえい》がわんさと住民登録に押し寄せていた。同じ子孫でも一介の大工のヨセフをもてなす親戚は見当たらなかったものと見える。「悪いなあ……」「すまんなア……」「他を当たってくれんか」と何軒も何軒も断られて……。と、その中に「うわぁ、奥さん、身重やんか。何とかせな。家畜小屋の隅しかないけど、そこで我慢してくれるか。薪や飼葉は要るだけ持っていってよ。」ようやく夜露をしのげる一間があてがわれた。しかし、さらに登録が手間取る。一、二週間、もしかしたらひと月か、二か月目か。

6〜7節には、「彼らがそこにいる間に、マリアは月が満ちて、男子の初子を産んだ。そして、その子を布にくるんで飼葉桶に寝かせた。宿屋には彼らのいる場所がなかったからである」（口語訳聖書の訳では「客間には彼らのいる余地がなかったのである」）と書かれています。

神様がご自身のひとり子を世に送ろうとされたとき、その選ばれた場所がユダヤの小さな村の普通の民家の家畜小屋だった、というのです。読者の皆さんならどうでしょう？ 自分の子どもの出産の時には考えるんじゃないでしょうか。「さて、どこの病院にしようか？ 評判の病院・助産院はどこだろうか？」 しかも最初のベビーベッドが飼葉桶ですよ。本来の高貴さ・聖さから言うならば、ローマ皇帝の大理石の部屋でも、エジプト王の金のベッドに絹のシーツでも、十分とは言えない方ですよ。それが、です。私たちのクリスマスの飾りつけでは、飼葉桶もどことなく清らかなものにイメージされている。でも、実際はどうだったでしょう？ **暗くて湿気《しけ》て、動物にしかつかない雑菌がいっぱいの場所です。**

ちなみにギリシア語では飼葉桶は「ファットネー」となっています。フワッと寝れますか？ 決して清潔で暖かいものではなかったはずです。

私は高校時分を松阪牛で有名なところで過ごしました。陸上部の先輩の実家が牛農家でした。彼の部屋は牛舎の二階でした。泊まりに行きました。夏です。広さは十分以上でしたが、なかなか寝つけませんでした。牛や藁《わら》の匂いで体がかゆく感じて、どうしようもありませんでした。懐かしい思い出ですが、二度目は遠慮したい経験です。

主イエスが最初に寝かせられた場所は、現代風に言えばどうなるでしょうか？　廃業した自動車修理工場の片隅にたとえられないでしょうか。車からはずされて片隅に投げられた後部座席、破れてスポンジが見えているシート。機械油とホコリの混じった匂い？　忘れ去られて誰も関心を払わない場所？　テレビで映される難民の方々の生活に近いかもしれません。

Why?　なぜ、神がご自身の御子に、そんな場所をわざわざ選んだのでしょう？　人間側の事情は、ごった返した小さな村に押し寄せた子孫の数とのミスマッチです。しかし、神様の側はそれを計画された。そこにひとり子を送ることを。

神の本気

神様はひとり子を人間の生身の最中《さなか》に送ろうと定めました。ベツレヘムの家畜小屋は、人間世界の不潔さ、冷たさ、拒絶の象徴です。その中に送ろうと定められたのです。ベツレヘムの家畜小屋の誕生と三十三年後のエルサレムの城壁の外は直結しています。あの馬小屋の誕生とゴルゴ夕の丘の十字架の死はつながっているのです。人間の世界の罪を負うため、罪に傷ついた人の孤独、痛みと滅びを、そこで主は担われたのです。

ヨハネの福音書では「すべての人を照らすそのまことの光が、世に来ようとしていた」(1・9)、「この方はご自分のところに来られたのに、ご自分の民はこの方を受け入れなかった」(1・11)と証言しています。拒まれることを承知での愛でした。**飼葉桶は神の本気の現れです。**

＊

私は大学に入るまでは、キリスト教とはまず接点はありませんでした。入ったのはミッションスクールでしたが、残念ながら大学での礼拝や授業で福音に出会うことはありませんでした。学内で触れる聖書のことばを口で反芻《はんすう》しながらも、それらが私の人生に何の関わりがあるのか、知らずに数年過ごしました。

親元を遠く離れて一年、二年……と過ごすうちに、私は自分の内側に住む罪・欲情・衝動に向き合わざるをえなくなってきました。この体の中に制御不能な不健康な、自力でコントロールできない、**妖怪人間が住んでいる**のです。「早く人間になりたぁい」と叫ぶのです。何度も自分を打ちたたきながら立ち直ろうとするのですが、徒労の連続でした。出世欲が、所有欲が、情欲が、私をがんじがらめに縛っていました。もがいてもほどけない金縛りでした。大人ぶって覚えた喫煙や飲酒も、止めようにも止まりません。私は疲れ果てました。自分と付き合って生きていくのが最大の難問になりました。

「こいつと付き合って生きていくのが問題や。」

「お前の一生が終わるときは絶対後悔する。たどった道を振り返っても、ああ、ええ人生やったって終われへん。」

「なんで生きてんのやろ?」

「なんで生きていかなあかんのやろう?」

吉田拓郎が歌っていました。

「何かが欲しいオイラ　それが何だかはわからない　だけど何かが足りないよ……人間なんて　ララララララララ」(「人間なんて」作詞・吉田拓郎)

なんで生きてるのか、どこに向かって生きてるのか。手応えがなかったんですよ。

そんな折、ふと「下宿を変わろう」と考えました。

「このままでは留年する……大学の近くに越して朝一番の授業も真面目に受けよう。」

このふとした思い付きが私の一生を変えたんです。これが神の導き!! だったんです。

私は下宿を大学の近くに、いや隣接地にある四階建ての寮に引っ越しました。

屋上のフェンスには「KANSAI　FUKUIN　CENTER」と横文字の大きな看板がかかっていました。白い十字架も光っていました。聖書学院や教会が入っている建物でした。その夜、田舎に電話しました。

「母ちゃん、下宿、引っ越した。今度は大学のすぐ隣や。」

……いい影響をもらいたい。酒もタバコも馬鹿な遊びも控えたい……。

到底止められるとは思わなかった、でも控えられたら御の字や。

＊

そこで生まれて初めて、日本語を喋《しゃべ》るクリスチャンと出会うことになります。

「おお、ニッポンにもクリスチャンがおるのや。若いのに偉いもんや。」

また初めて牧師という職業の人と口を利きました。何とも新鮮な印象でした。

「ひょっとしたらこの人たちと付き合ってたら、何か新しいことが始まるかもしらん。」

聖書学院も同居する建物でしたから、将来の牧師の卵たち（献身者というらしい）とも会話を交わすのです。同世代の彼らをじっと観察しました。心にブレーキを十分にかけながら、です。

「大事な人生や。つい、うっかりと調子に乗って『信じます』なんて言うたらあかん。気ィ、付けなあかん。」

下宿したからには、否が応でも四六時、彼らと顔を合わすのです。朝早くから彼らは歌（賛美？）を歌いながら掃除をするのです。

「この人たちは、心配事ないんか？　人生、真面目に考えとるんか？」と心の中で彼らへの疑問を投げかけ続けました。……しばらくすると、**イエス・キリストは目に見えんけど、信じてるクリスチャンたちは目に見える。一緒に食べたり、風呂にも入る。すると見えんはずの神様のみわざが見えてくる。**……

この人たちはちょっと違う、どこか違う。なんでこんなに明るい？

自分の弱さを認めながらも、ごまかして生きてない。

この透明感はなんや？

口を開けば、イエス様⬇十字架⬇罪の赦し⬇信じたら⬇新しい人生……。

ある晩、一人で聖書を……

下宿して数か月後には、少しずつ自分で聖書を読むようになっていました。福音書はマルコから始めました。ルカの福音書からヨハネの福音書へと進んでいました。ある夜、一人で読む箇所が8章に進んでいました。

罪のど真ん中で捕まえられて、早朝の神殿でイエスの話に聞き入ってる善男善女の前に引き出される女の話です。――うわあ、たまらんな、こんな話――

イエスの反対者たちが言う。「こんな女は石打ちだ。さあ、どうする、大先生」

「さあ、ナザレの大先生。白黒はっきりつけてもらいやしょう」と責め立てる。

イエスは座って指で地面に書いておられる……なおも声高《こわだか》に……

イエスは立ち上がる。「あなたがたの中で罪のない者が、まずこの人に石を投げなさい」

「汝らのうち、罪なき者より始めて石を打て」

一人、ひとり、その場を去っていく……そして女が一人残された。

「女の人よ。あの人たちはどこに……？」

「誰もいません。」

「わたしもあなたを罪に定めない。行きなさい。これからは、決して罪を犯してはなりません。」このイエスのことばが、この一言が舵《かじ》の毀《こわ》れたような人生を生きていた男の人生を変えてしまったのです。どういう意味ですか？

聖書のことばは不思議です。その晩、私は一人で読んでいたのに、まるで誰かと対話しているかのように現実感がありました。その現場の中に引き込まれて、この女性にかけられた主イエスのことばが、彼女の耳を借りて、まるで日本語で語られたかのように私に響いてきました。その声は温かく包むようでした。「行きなさい。これからは……」は決して**断罪でも宣告でもなく、解放のことば**として聞こえてきました。

「You are a new creation. You can live in a new way.」

新しく造られた者だ……罪に縛られず生きていける……元の木阿弥《もくあみ》に戻らんでいい……

生きる力が届いた。赦しと生きる力が私に届きました。

あきらめてたんですよ。もうあかんな、俺の人生。腐っとる。やり直しがきかん。

イエス様が「もう一回やり直せる」「もう一回やれる」

「あなたの罪は私が背負った」「代価は払った」と語ってくださった。

私は弱く、無様でした。神様の聖《きよ》い基準には到底逆立ちしても届かない、毀《こわ》れもんでした。ひび割れた器でした。

しかし恵みとまことに満ちたこの方が
赦《ゆる》しと生きる力をくださった。
神の愛はあなたに生きる勇気を与える。

私は実感しました。ホンマ物の愛は人に生きる力を与えるんだって。
ただ私たちは、こう言えばいいだけです。〝イエス様、はみ出し者でした。〟
飼葉桶に来られたイエス様は、三十三歳で、十字架についてくださった。
招きに応えて
神様、僕も信じる側に入れてください。

新しくなりたい。生まれ変わりたい。赦《ゆる》してほしい。あなたの前に顔を上げて歩けるようにしてほしい。僕はこう祈りました。

「神様、あなたが喜ばれないこと、いっぱいやりました。親も教師も教えんかったことは一通りやりました。自分勝手でした。自分の悪さを人のせいになすりつけていました。でも私です。こいつです、悪いのは。赦してください。新しくしてください。心に入って来てください。導いてください。」

どうなりましたか？

三日目の朝です。二十一歳の六月でした。梅雨の時期です。学部に行く近道のグランドはぬかるんでいます。靴の汚れを気にしながら、できるだけ水たまりを避けながら歩いていました。すると雨に濡れたポプラの枝が私の前に手を広げるように目に入りました。「うわぁ、雨に打たれた葉っぱって、こんなにきれいやったかな」「可愛《かわい》らしいな！」「お前も神様に造られたんやな」「わいら、兄弟やな」と心の中で彼女＝葉っぱに語りかけました。……とその瞬間、「罪赦《ゆる》された！」という天的な知識、事実が体を貫いたように響いてきました、実感でした。

「これか！　神学生の人たちが、これまでの進路を方向転換して、牧師になろうとした感動は！」

思わず口から漏れ出てきました。

「儲《もう》かった。儲かった。人生一回儲かった」

稚拙なリズムとメロディーながら、繰り返し口からこぼれて溢《あふ》れました。

「儲かった　儲かった。人生一回儲かった」

それまで私は、信じない言いわけを繰り返していました。

「いくらなんでも二千年前の話や。一万キロも離れたイスラエルの話や。二千年後の東洋のはずれの日本の片隅で隠れてやった僕の罪までぬぐい取るのは無理や、理屈に合わない。この目の前で行われたんならまだしも……」でした。

しかし事実二千年前、イスラエルで、エルサレムの町で、現実に三本の十字架が立てられたのです。三人の男が架《か》けられたのです。真ん中はナザレのイエス、両側には強盗。そして片方の犯罪人はイエスを信じ、もう一人はあざけったのです。そしてその十字架を見ている人々の中にも胸を打ちたたく人もいれば、唾《つば》をかける人もいた。あの日、目の前で十字架の真下であの処刑を見ていても、信じない人は信じなかった。信じない人は目の前で見ても信じなかった。

そのことを知ったとき、私の言いわけは通じなくなりました。時間も空間も問題ではない。神様の一回きりのみわざに対して、私がどう応答するか、でした。

私は二十一歳の時に信じる決断をしました。どうなるか、わかりませんでした。

試しのように「心の中にお入りください」と主イエスを招いただけのような気もします。しかし神様は、そんな何とも心細いような信仰に真実に応えてくださり、私の人生を導き続けてくださいました。

その祈った日から四か月後、洗礼を受けました。洗礼を受けて半年後には聖書学院に入学しました。周りの方々に育てていただいて、母教会で牧師として仕えた後、インドネシアに宣教師として派遣されました。帰国後は、母校の聖書学院で奉仕する恵みにあずかり、現在は宣教団体で仕えています。

私は「信じます、導いてください」と主をお招きしただけです。主は、何とすばらしく人生を導いてくださったことでしょう。「このままなら絶対後悔する」と人生をあきらめていた二十一歳の青年は、もう七十歳に手が届こうとしています。

今は「この方をお伝えしなかったら絶対後悔する」人生に変えられています。

あなたは、飼葉桶にまで降りて来てくださったお方を、どうお迎えしますか？

大きな恐れ・大きな喜び

錦織　寛

さて、その地方で、羊飼いたちが野宿をしながら、羊の群れの夜番をしていた。すると、主の使いが彼らのところに来て、主の栄光が周りを照らしたので、彼らは非常に恐れた。御使いは彼らに言った。「恐れることはありません。見なさい。私は、この民全体に与えられる、大きな喜びを告げ知らせます。今日ダビデの町で、あなたがたのために救い主がお生まれになりました。この方こそ主キリストです。あなたがたは、布にくるまって飼葉桶《かいばおけ》に寝ているみどりごを見つけます。それが、あなたがたのためのしるしです。」すると突然、その御使いと一緒におびただしい数の天の軍勢が現れて、神を賛美した。

「いと高き所で、栄光が神にあるように。
地の上で、平和が
みこころにかなう人々にあるように。」

（新約聖書「ルカの福音書」2章8～14節）

イエスさまは二千年前に、ユダヤの小さな村ベツレヘムでお生まれになりました。今ではクリスマスと言ったら、世界中でお祝いする一大イベントですし、日本でもクリスマスツリーを飾り、また「クリスマスおめでとう」と挨拶《あいさつ》を交わします。日本人のお祭り好きもあるでしょうけれど、クリスチャンでなくてもイルミネーションを飾り、また多くの家庭でケーキを食べてお祝いします。(ただ正確に言うと、「お祝い」と言うよりも、クリスマスにかこつけて「楽しんでいる」ということなのでしょう。)

しかし、イエスさまがお生まれになったその夜には、華やかなセレモニーはありませんでしたし、そもそもイエスさまが生まれたことさえ、ほとんどの人は知りませんでした。いつものように静かに夜がふけていきました。

ベツレヘムの郊外で、羊飼いたちが野宿をしながら羊の群れの夜番をしていました。夜眠っている羊たちが悪い獣や盗賊に襲われることのないように番をするのです。

イスラエルの歴史の中では、家畜を飼うということは決して卑《いや》しい仕事ではありませんでした。イスラエルの先祖たちはもともとは家畜を飼う遊牧民だったと言われていますし、イスラエルで最も有名で、最も愛されていた王ダビデも若い頃は羊を飼っていました。またダビデの賛歌とされる詩篇23篇でも「主は私の羊飼い」と告白し、神様のことを羊飼いにたとえています。

けれどもイエスさまがお生まれになった時代には、羊飼いという仕事は、その時代の社会の中では、あまり好ましい職業とはされていなかったようです。羊飼いは、神を礼拝するための安息《あんそく》日《にち》を守ることができなかったからと言います。ですから、羊飼いたちの証言は法廷でも取り上げられなかったほどでした。彼らは決して豊かではなく、きらびやかな衣装を身につけていたというよりも貧しい身なりをし、厳しい生活をしていたことでしょう。

この羊飼いたちが、いつものように野宿をしながら羊を見守っていると、突然、天使が現れ、主の栄光があたりを巡り照らしました。真っ暗だったその場所が急に明るくなります。羊飼いたちはとても怖くて顔を伏せます。

天使は言いました。

「恐れることはありません。見なさい。私は、この民全体に与えられる、大きな喜びを告げ知らせます。今日ダビデの町で、あなたがたのために救い主がお生まれになりました。この方こそ主キリストです。」

大きな恐れ

羊飼いたちは「非常に恐れた」と聖書は言います。しかし御使いは言います。「恐れるな。」急に天使が現れてあたりが明るく照らされて……びっくりしないほうが無理です。恐れて当然とも言えます。またイスラエルの人たちは、神様や天使を見てしまったら死ぬと考えていたのです。

おそらく、彼らは顔を隠すようにしてうずくまっていたかもしれません。

私たちの歩みには、多くの恐れがあります。不安で心がいっぱいになってしまうことがあります。どんなに多くの財産を手にし、また高い地位や立場、名声を得たとしても、私たちの恐れ・不安は尽きないものです。ですから聖書の中で、神は何度も何度も「恐れるな」と語られます。くどいほど「恐れるな」と繰り返されるのです。

聖書の中で、一番最初に「恐れ」が出てくるのは、神に造られた最初の人間が、神に食べることを禁じられていた「善悪の知識の木」から取って食べた時です。その時、彼らは神が怖くなったのです。神様の顔が見られなくなってしまった、神から隠れ、神を避けるようになってしまったのです。

罪深い私たちは、神様の光に照らされるのが怖いのです。私たちは多少薄暗いほうが居心地がいい。粗《あら》が見えないから。私たちはさまざまな罪を抱え、また汚《けが》れを負って、神様の光の下に置かれるのは怖い。なぜかというと、神様のほうではすでに全部お見通しなのですが、私たちは自分の罪深さのゆえに、絶対神様に叱られる、神様に裁かれると感づいているからです。

羊飼いたちは「大きな恐れ」を感じていました。彼らは言ってみれば、自他共に認める罪人でした。しかし、天使は言いました。「恐れるな。」天使が来たのは、裁きを告げるためではなかったからです。

大きな喜び

天使は語ります。

「見なさい。私は、この民全体に与えられる、大きな喜びを告げ知らせます。」

これは大きな喜びの知らせだったのです。私たちの日々の歩みの中にはうれしいことも悲しいことも、楽しいこともつまらないことも、いろいろなことがあります。けれども、この知らせは「喜び」で、しかも「大きな喜び」です。

実は聖書で先ほど羊飼いたちが「非常に恐れた」というところにも、「大きな喜び」というところにも、聖書の原文では同じことばが使われています。「メガス」ということばです。「大きな恐れ」を感じてブルブル震え、恐怖に恐れおののいている羊飼いたちに、何も恐れなくて大丈夫、これは最高の喜びなのだから……と天使は告げたのです。

「喜ぶ」ということとは、強制されてできることではありません。喜んでいるふりをしていたとしても、その人が実際どうであるかは、やっぱり外に出てきてしまうものです。喜びとは、自然と湧き上がってくるものです。その意味では、御使いは、このニュースを聞いたら絶対あなたの心にも大きな喜びが湧いてくる、湧いてこなかったらおかしい、というのです。

さて、では、この「大きな喜び」とはどのようなものなのでしょうか。

(1) この民全体に与えられる知らせ

この知らせはすべての民に与えられる大きな喜びでした。

いろいろなニュースがあります。ただ多くのニュースは、ある人には喜びですが、他の人にはそれほどでもありません。ある人には大きな喜びだけれど、他の人にはまああの小さな喜び、ということもたくさんあります。けれどもこのクリスマスの喜びの知らせは、「この民全体」に与えられるものです。この知らせを聞いて喜ばない人などいない。正確に言うと、この知らせを聞いて、その意味が本当にわかったら、喜ばない人などいるわけがない。

私なんか、そんな喜びには関係ないという人がいるでしょうか。いいえ、この知らせが関係ない人など一人もいないのです。

(2) あなたがたのための救い主

この喜びの知らせは、すべての人への大きな喜びであるとともに、それはあなたがたのための知らせ。今日、ダビデの町で、あなたがたのために救い主がお生まれになった、救い主が生まれたと言うのです。

イスラエルにおいては、みんなが長い間、救い主メシアの誕生を待ち望んでいました。けれども、羊飼いたちにとっては、ある意味、遠い出来事のように感じていたかもしれません。実際、羊飼いたちは思われていたことでしょう。あいつらは安息日も守らない。あいつらは信用できない。あいつらは神様だって、あまり大事には思っていない。

しかし、御使いは告げたのです。「救い主がお生まれになった、それはあなたがたのためだ。」あなたがたも本当に救いを必要としている。そして、神はあなたがたを愛してくださっている、神様は羊飼いのあなたがたにも目を留めてくださっている。この救い主は、あなたがたのための救い主、あなたがたを救う救い主なのだ。

クリスマス、私たちはクリスマスプレゼントを贈り合います。私が子どもの頃、兄弟も多かったですし、一人ひとりがそれぞれ親からプレゼントをもらうという習慣はありませんでした。ある年、父は私たち兄弟をおもちゃ屋さんに連れて行ってくれました。そして、どれでも一つ、ゲームを買ってくれるというのです。父は私たち兄弟に野球盤を買ってやろうと思っていたのかもしれません。父はしきりに野球盤を推してきましたから。それは当時の子どもたちのゲームの定番でした。でも、そこで私たちは迷いました。あれでもないこれでもないと迷って、結局、アポロ宇宙船が地球から月まで飛んでいくというボードゲームを買ってもらったのでした。ただ、私はアポロ宇宙船ゲームで遊びながらも、まだ迷っていました。時々後悔しました。やっぱり野球盤が良かったかなと思いました。

でも、クリスマスの時に生まれてくださったイエスさまは、ほかに比べようもない、唯一無比の贈り物、みんなに大きな喜びをもたらす救い主なのです。

(3) この方こそ主なるキリスト

さて、イスラエルの人たちは、みんな救い主を待っていました。自分たちに豊かさと平和をもたらしてくださる救い主、ローマを蹴散《けち》らかして勝利し、ダビデ王やソロモン王の時代のようにイスラエルを勝利と繁栄に導いてくださるお方です。そして、神は、約束どおり救い主を送ってくださいました。

しかし、神様が送ってくださった救い主は、どこかの預言者やしもべではなく、またヘロデや皇帝アウグストゥスのような王でもありませんでした。イスラエルの人たちとしたら、そんな救い主のほうがよかったのだろうと思います。

しかし、神様が遣わしてくださったそのメシアは、神様が私たちのために遣わしてくださったのは、神のひとり子、神の一番大切な宝。いやもっと言うと、「主なる」キリスト。このお方は「主」。神様は私たちのために、特別優秀な御使いを遣わしたというのではなく、私たちを救う救い主として、神なるお方が人になってこの世に来てくださった。びっくりするようなことが起こった。神ご自身が人になってこの世に来てくださった。あなたを、私を救うために。

救い主のしるし

さて、この神が遣わされた救い主にはしるしがありました。言い換えると、このしるしがなかったら救い主ではないのです。救い主と救い主でないものを見分ける、本当の救い主のしるしです。それは「布にくるまって飼葉桶《かいばおけ》に寝ているみどりご」だというのです。その救い主は今日、生まれたばかりの赤ちゃんで、布にくるまっている。その赤ちゃんは特別な産着《うぶぎ》を着ているわけではありません。おそらく両親はそこまでの準備ができていない。王のようなきらびやかな衣装もない。ちょっと間に合わせたかなというような布にくるまっている。

そしてその子は飼葉桶に寝ている。飼葉桶というのは馬や牛や羊や、いわゆる家畜のえさを入れる入れものです。キリスト教圏では、クリスマスに人形たちを並べたりして、馬小屋のシーンを飾ったりします。そしてそのような時に用意されるのは、たいがいは厩舎《きゅうしゃ》のような馬小屋です。しかし、聖書には「馬小屋」という言葉自体は出てきません。飼葉桶から類推しているのです。ただ、この時代の家畜は小屋につなぐと言うよりも、半分地下の洞穴のようなところだったと言われます。また飼葉桶も木材で作ったというよりも、石をくり抜くようにして造られたものだったそうです。普通はそのようなところには赤ちゃんを寝かせません。それだけに、特別なしるしにもなったのだろうと思います。何ともみじめで、ほかにもうちょっとましな場所はなかったのかしらとも思います。

しかし、どんなにかわいくて、すてきな服を着た赤ちゃんがいたとしても、もし飼葉桶に寝ていなかったら、救い主ではありません。羊飼いたちは後で、この「布にくるまって飼葉桶に寝ているみどりご」を探します。でも、羊飼いたちから「布にくるまった赤ちゃんいませんか」「今日生まれたはずなのですけれど」「その赤ちゃん、飼葉桶に寝ていますか」と尋ねられたベツレヘムの町の人たちは、本当に奇妙に感じたはずです。しかし、羊飼いたちはイエスさまを見つけました。本当に、ベツレヘムに「布にくるまって飼葉桶に寝ているみどりご」がいたのです。

この飼葉桶は、後にこの赤ちゃんが負うことになっている十字架にもつながるのだとも言います。この赤ちゃんは救い主です。救い主というのは、単に私たちを経済的・政治的に助けてくれるというのではありません。主イエス・キリストは、やがて十字架にかかって、私たちの一番の問題、私たちを大きな恐れの中に突き落とす、心の汚《けが》れ、罪の問題から、私たちを救い、私たちに罪の赦《ゆる》しを与えてくださったのです。

飼葉桶に寝かされていなかったら救い主ではないし、もしこのお方が十字架で死なれなかったら、救い主ではないのです。

クリスマスは大きな喜び

御使いは羊飼いたちに、「大きな喜び」と言いました。「この民全体に与えられる、大きな喜び」と言いました。このクリスマスの知らせから漏れる人はいません。この知らせは、あなたにとっても大きな喜びの知らせです。ただ、最初のクリスマスの夜、多くの人たちは特別に喜んでいるふうでもありませんでした。喜んでいたのは、マリアとヨセフ、そして、御使いに言われて救い主のイエスさまを拝みに行った羊飼いたちだけです。羊飼いたちは、明るく照らされて神からのメッセージを聞き、空を埋め尽くすほどの御使いたちのすばらしい賛美を聞きました。でもベツレヘムの町の人たちはそんな現象は見ませんでした。羊飼いたちからそのことを聞いても、また羊飼いたちはおかしなことを言う……で終わりだったのでしょう。

大きな喜びを大きな喜びとして味わうためには、御使いの伝えたメッセージを羊飼いたちと一緒に感謝をもって受けとめ、このイエスさまを私の救い主としていただくことです。

クリスマスはよい時です。プレゼントをもらったりあげたり、みんなでごちそうを食べたり、丸いケーキを分け合います。クリスマスにプロポーズをしようと計画している若者たちも大勢いることでしょう。クリスマスにうれしい気持ちになったり、喜びを感じて過ごす人もたくさんいるのだと思います。

でも、クリスマスの本当の喜びは、クリスマスの喜びの真骨頂は、いつまでも変わることなく、色あせることのない大きな喜びは、神様が私たちを愛して、そのひとり子のイエスさまをこの世に送ってくださったという、そのことから来ます。この救い主はあなたのためです。そのことを本当に知ってしまったら、あなたも喜ばずにはいられなくなります。喜びがあなたの心をいっぱいにしないではいられないのです。

幼子イエスを見出したアンナ

菊池　実

そして、モーセの律法による彼らのきよめの期間が満ちたとき、両親は幼子をエルサレムに連れて行った。

……

また、アシェル族のペヌエルの娘で、アンナという女預言者がいた。この人は非常に年をとっていた。処女の時代の後、七年間夫とともに暮らしたが、やもめとなり、八十四歳になっていた。彼女は宮を離れず、断食と祈りをもって、夜も昼も神に仕えていた。ちょうどそのとき彼女も近寄って来て、神に感謝をささげ、エルサレムの贖《あがな》いを待ち望んでいたすべての人に、この幼子のことを語った。

（新約聖書「ルカの福音書」2章22、36〜38節）

御子イエス誕生の出来事の傍《かたわ》らで、静かに神様の前に生きていた一人の婦人アンナの姿に目を留めましょう。厳しい試練と時代の中にも神様を離れず生き続けた女性です。その生き方の中に培《つちか》われた彼女は、まだ赤子であったイエスを見た時、瞬時にして神の御子キリストであると心づくのです。そして、誰にも先んじて、このイエスを人々に紹介する器《うつわ》となりました。「失う」大きな痛みの経験の中で、新しい生き方を得た信仰者の歩みです。

イエスが私たちの御子となるために

アンナが登場する背景を見ましょう。

ルカの福音書2章22節から始まる一連の出来事は、イエスの誕生から約四十日が経った時のことでした。東方の博士らが来るまだ前のことですから、確かにクリスマスの出来事の一つです。

この時、ヨセフ・マリア・幼子イエスの家族は、一つの儀礼のためにエルサレムの神殿に来ていました。アンナはその所で幼子イエスと出会うことになります。このルカの福音書2章には、もう一人、シメオンという老人がこの時イエスを見出《みいだ》したと記されます。いずれもさりげない記録ながら、著者ルカの大事にする心の現れる箇所です。

この一家が行おうとしていた儀礼は古来、「息子の贖《あがな》い」、あるいは「息子の買い戻し」と呼ばれていた式でした。旧約聖書の出エジプト記、レビ記、民数記（18・16）に繰り返し命じられていた定めに基づきます。それは、「男子の初子」を生後一か月の時に、銀五シェケル（六十グラム弱）という値で神様から買い戻す（贖う）という一つの意味を持っていました。

もとより、「最初に胎を開く長子《ちょうし》はみな、人であれ家畜であれ……それは、わたしのものである」（出エジプト13・2）と聖書に定めがあって、両親は誕生した長子の男子を「神のもの」として献《ささ》げる義務がありました。すべてが、子どもも含めて神様から与えられ、委《ゆだ》ねられていることを忘れることがないための大事な原則でした。イエスの両親もこの時、神殿に来たのが「幼子を主に献げるためであった」と2章23節に記されるとおりです。

ただ、そのようにして献げた直後、今度はその子を銀五シェケルで〝神様から買い戻す〟のです。この不可思議なやり取りで、もう一つの原則が心に刻まれるのです。そもそも、「長子を献げる」とは言っても、それをほかのささげ物のように祭壇で生贄《いけにえ》とすることはできません。それは神様の求めではありません。「献げる」とは、その子の生涯を神様の御手《みて》と計画に（焼き尽くすようにして）委ねるということです。その親の確かな信仰の表明があって、次に神様は「銀五シェケル」で親に戻すことを許すのです。わずか五シェケルと言えるでしょう。しかし、親はこの命の買い戻しによって改めて〝子は神様に与えられ、託された命である〟と深く刻んで、神様の前に育む心を新たにしたのです。両親とそれを見守る共同体の二度にわたる献身の時であり、今日の教会における献児式《けんじしき》の原形です。

聖書における教育の原点がここにあります。旧約聖書の箴言22章6節に「若者をその行く道にふさわしく教育せよ」とありました。「教育」と訳されたのはヘブル語で「ヒヌク」ということばであり、現代のイスラエルでも同様に教育を意味します。ただ、このヒヌクとは語源に〝教え育む〟という意味はなく、「献げる」という意味をもつことばです（1列王8・63「ソロモンは……主の宮を奉献した」）。つまり、聖書の示す教育とは、子どもを神に献げていくこと、献げるにふさわしい器《うつわ》として育てる営みということと教えられるのです。神様に向けて養い育て、教え、訓戒することをもって教育とするのです。親の願望や、家の事情もあるでしょう。しかし、教育とは、まずその子を献げていくこと、なのです。

マリアとヨセフは、その律法の定めに忠実であり、幼子イエスはその「献げる」生き方をも成就し、家族一緒にこの神様に信頼する姿を私たちに示してくださいました。教育に苦悩は付き物ですが、神様に献げるその献身を導いてくださると信じて、神様に向けて育む営みを私たちも教会と家庭において大事にしていくことができればと願います。マリアとヨセフの下に育つイエスの出発点の一つであり、クリスマスに思いを留めたい、隠れた事柄です。

新約聖書の時代、実際には銀貨五枚のやり取りでした。五日分の日当と言われます。幼子イエスがその値でヨセフとマリアに渡された瞬間、御子は正式に人の側に与えられることにもなったのです。わずか五シェケル。しかし、それはもともと神様の命令と求めでした。誤解を恐れず言えば、御子イエスは確かに〝あなたに与えられた方〟なのです。

「神は、実に、そのひとり子をお与えになったほどに世を愛された。それは御子を信じる者が、一人として滅びることなく、永遠のいのちを持つためである。」(ヨハネ3・16)

イエスを見出したアンナ

この「息子の買い戻し」は、一つの儀式となって、今もユダヤ人の間で広く行われています(《Pidyon Haben》で動画サイトを検索すると、銀貨五枚を持った親と祭司の役割を担うユダヤ教のラビの姿を観ることができます)。他方、古い記録をたどれば、これがキリストの時代には広く制度化されて、日々神殿で行われていたことがわかります。神殿には毎日何十人という乳児が連れて来られて

長方形の城壁部分がキリスト時代の神殿域で、当時の外壁と土台がそのまま遺されています。中央の黄金のドームに神殿があったと考えられています。147,000㎡あります。(The Temple Mount is the focal point in all of Jerusalem. [biblicalisraeltours.com])

いたことでしょうし、ヨセフの一家もその一組に過ぎなかったはずです。ただでさえエルサレム神殿の敷地は日々数千の人であふれ、その神殿域は十五ヘクタール（四万五千坪）と、広大であったことがわかっています。

つまり、このルカの福音書2章に記されることとは、この喧噪《けんそう》の中で、二人の老人シメオンとアンナだけが救い主イエスの到来を感じて、見出《みいだ》したということなのです。驚くべき出会いでした。ルカは、アンナが救い主イエスを世界で最初に告げる女性となったことと、その理由を描こうとしています。

聖霊の働きの中で

アンナが御子イエスを見出し、また、見出された理由の第一は、彼女が聖霊の働きに与《あずか》っていたということです。それこそがアンナが「女預言者」と呼ばれる理由でした（36節）。うわべではない神様との深い交わり、祈りの心を示す呼び方です。彼女は新約聖書で唯一、個人的な名で女預言者と呼ばれる人です。旧約聖書でも「女預言者」と呼ばれたのはごくわずかでした。モーセの姉ミリアム、士師記のデボラ、イザヤの妻など、名だたる女性ばかりです。当然ルカはこのところでアンナに対して「女預言者」とことばを用いる意味を知っていました。ひるがえって、日々神殿の周辺には、そこを闊歩《かっぽ》するユダヤ教の多くの指導者がいました。彼らはメシアが到来することも語っていたのです。しかし実際にそのメシア（キリスト）であるイエスが顕《あらわ》れたとき、それを見出す心があったのは、立派な宗教家でなく、この老婦人でした。聖霊の働きに自身を置く生き方を持っている婦人です。知識の有無や身分ではありません。むしろ見えるところだけの生き方や、人の誇る知識のすべてを空虚にさえする、真の信仰者の姿を見る思いがします。素朴に慕う心、聖霊に与《あずか》る謙虚な心、そこに主イエスとの出会いはきっとあるのです。

礼拝を離れない、神の近くの生き方

アンナが御子イエスと会うことのできたその二つ目のこと、それは、彼女の礼拝者としての心です。36～37節でルカは、彼女が「非常に年をとっていた」「八十四歳になっていた」と、妙な個人情報を加えます。医者であったルカらしい見方とも言えます。実際にそれがルカの見立てであるなら、それに続く「宮を離れず」ということばが大事です。原文にはここに「しかし」と訳せることばがあります。つまり、「年を取っていたけれど、しかし、決して離れようとしなかった」、むしろこちらのほうがルカの心を表していると感じます。36、37節にあるこのような姿を見る時、アンナが本当に神様との近さの中にあった女性であることを見るのです。

37節には「断食と祈りをもって、夜も昼も神に仕えていた」とありました。「仕える」とは、聖書ではいつも礼拝する者の姿です。つまり、彼女が離れなかったのは、宮（神殿）という場所であるよりも礼拝であり、神ご自身であったということに違いないのです。そのアンナであればこそ聖霊に与《あずか》り、そして、幼子イエスをキリストであると即座に感じることができたのでしょう。

唯一の神と呼ぶべき方を確信する時、私たちとその方との主・客が正されて、安心や希望が静かに覆ってくる経験をします。そして、その方に仕え・賛美する礼拝とは、かけがえのない務めとして心に落ち着く喜びになります。他方、私たちは家庭や職場で日々多くの務めを持ち、教会にあっても奉仕をするのでしょう。そのような中に、すべてに先立って、この方に仕える姿がなければ、それはもう一つの主客転倒であり、どれほどのものかと思います。礼拝の心を大事にし続けることの中にこそ、御子イエスはここに体験され、出会う方なのです。

失ったことから始まる恵み

このアンナについては、さらにコアとなる「理由」があります。36～37節「処女の時代の後、七年間夫とともに暮らしたが、やもめとなり、八十四歳になっていた」と、個人的な情報にルカは踏み込みます。その中心にあるのは、アンナが若くして夫を失ったという経験です。「死」とは、イエスとの出会いにおいて私たちが向き合うことのできる最大のテーマです。

ルカの福音書には独自の視点があります。聖霊の働きと神殿という場所が大事にされ、さらには、社会的に弱い人たち、つまりやもめ、病む者、貧しい者、サマリア人、子どもや年配者が、イエスの御目《おんめ》に大事にされているのです。実にアンナは、それらすべてに重なる人であり、特別な位置を占めている女性です。その彼女が人生の最期に差しかかるこの時に、大きな大きな恵みを神様からいただいたのだということを、ルカは見落としていません。もちろん、それは聖書を私たちに与えてくださった神様の心です。夫を早くして失った後に、神様とともにいることを選んだ彼女を、神様は忘れておられなかったと、聖書は証《あか》しするのです。

アンナが生きた紀元前一世紀は、ユダヤ民族の混迷と挫折が続いた時でした。ユダヤは一時外国の勢力から独立を果たすものの、瞬《またた》く間に瓦解《がかい》します。間隙をぬってローマの支配が始まり、その傀儡《かいらい》の王であったのがヘロデという人物でした。その間にも戦争・飢饉《ききん》・大地震があったことも記録に残っています。アンナはその間、何らかの理由で夫を失いました。しかし、その「失う」という経験から始まったのが「神の近くに留《とど》まる」という生き方だったのです。

そのような激動の時代であればこそ、ユダヤ人の間でメシア誕生の期待は高まっていました。ただ、それらはいつもどこかに歪《ゆが》んだメシア像を抱えていました。そのような社会と人の下で、アンナは礼拝者になり続けて、聖書に約束された救い主の姿こそを感じ取ることができたのです。

38節「ちょうどその時彼女も近寄って来て、神に感謝をささげ……」とあるとおり、今その時が到来したことを彼女の魂が見落とすことはありませんでした。いつもの礼拝の中で、そして感謝の中で、御子を見出《みいだ》したのです。「ちょうどその時」とは、偶然のことではありません。ルカの福音書では、いつも大事な瞬間を意図しています。主の近くにいて仕える人は、神様のタイミングと一致し、神様の計画と深き御思《みおも》いに重なっていくのです。

この女性が「失った」その経験の時に、新しい生き方を得たということを心に留めたいと思います。私たちは、人生を生きるにつれて、失う物も多くなってきます。他方、自分に与えられなかった物・能力・状況もよく見えてきます。そして、失った「もの」や与えられなかった「もの」というのは、自分だけで深く痛んでいることが多いのも事実です。しかし、私たちがアンナの〝詳細な情報〟にハッとし、そこに自分の痛みを重ねるとき、望みがあることに気づかされるはずです。失ったところにぽっかりとできた空間を、神様とともに生きる新しいスペースにすることが許されている望みです。自身で摑《つか》んで離さずにいる多くのもののゆえに、心がいっぱいであったかもしれません。そこにできた穴、大事な者・物・ものが取り去られた空間は、初めてこの御子イエスを迎える、かけがえのないスペースとされる、救い主を直接に見る希望の場ともなるのです。

旧約聖書に登場するヨブをご存じでしょうか。神様の前に真実な人でありながら、ある日、財産や家族すべてを災害によって瞬時に失う、実に理不尽な試練に遭遇します。ヨブの信仰を試そうとしたサタンによるものでした。神様が「許可」したのです。この時、ヨブはくずおれるというよりも、自ら「地にひれ伏して礼拝し」たとありました。そして彼は告白して言うのです。「主は与え、主は取られる。主の御名はほむべきかな」（ヨブ1・21）。

神様に人格的に信頼できる時、ふと自由とともに、これまでなかった異なるものへの信頼が新たに生まれるのでしょう。そこに口をついて出ることばは、〃このお方にあっては、与えることと取られることはいつも愛のうちに一体的である〃ということに違いないのです。

アンナは、ヨブの信仰に連なる神の人であり、そして、彼女は何か苦痛に歪んだ顔で生きていたのでありません。この時も、「神に感謝をささげ、エルサレムの贖いを待ち望んでいたすべての人に、この幼子のことを語った」（38節）とあるとおりの婦人です。「この幼子のことを『語り続けていた』」とも訳せる箇所です。実にエネルギッシュな八十四歳のおばあちゃんでした。

あなたの失ったもの、そのところに

クリスチャンとして歩む幸いとは、日々感謝できるようになったことと多くの人が表現します。朝ごとに夕ごとに神様と共鳴する感謝があり、道端の花と香りに感謝があり、空を見上げる時に重い心の時にも一条の光を感じ、質素でも食事は実に感謝となり、いのちの存在そのものにも感謝を知ります。クリスチャンは、自然な思いで感謝することができること、感謝を向けることのできるお方があること自体に感謝します。与えられている感謝を知るのです。アンナの「感謝」

と重なってくる幸いです。

罪の影響を受け、痛みの多い世にあっては、失うことや逆に強いられる痛みも必ずあります。与えられない物、自身の能力、家庭の環境、身体の要素もそうです。付随して強いられる苦悩も少なくありません。しかし、私たちは状況に支配されて諦《あきら》めて終わるだけではない信頼を得ることができます。神様はすべてに権威を持つ方です。苦難の起こることを「許可」する時にも、私たちから何かを取って終わらず、恵みの計画を絶やさない方です。キリストのいのちが十字架の上で「失われ」て、私たちの内から、もはやあらゆる忌まわしいもの、そして死さえも除かれたというのが聖書の言う福音であるからです。失うことの先にはそれを超えるものしかない、それが望みであり、感謝が深まる理由です。

アンナは、大事な夫を混乱の時代に失って、彼女もただ佇《たたず》むような時があったでしょう。そんな時に、彼女は身と時間と心の空白において、神様が与える新しい創造のわざを期待し、その方のそばに生きることを自分のできる最大の生き方とすることができました。取られてぽっかりと空いたスペースは、新たな神のみわざを待つ場となりました。〝やもめを捨て置かない〟と繰返される聖書の約束は、彼女の心にあったでしょう（申命10・18、16・11ほか）。そのアンナは神殿を離れず、神から離れませんでした。その所にやってきた生後間もない御子イエスを「その方だ！」と感じ取る心が、自然に備えられていたのです。

私自身が「失う」ということを最初に経験したのは、おそらく四歳の時でした。病の母とその母胎にあった弟を天に送り、クリスマスの記憶とともに「死」や「失う」ということの最初の、そして「原体験」となったように思います。少しずつ死の意味が分かってくると、それは神様と格闘し続けるような「失う経験」となり、ずいぶんと苦しんだように思います。ただ、それがリアルな死の感覚であればこそ、それ以上のキリストの死といのちのリアルさを感じ、そこに覆《おお》われるのが救いなのだという確信も深まったように思うのです。十五歳で洗礼を受ける決心をし、生涯神様のために生きたいと心から願いました。

多くの困難や失う経験はその後も絶えなかったでしょう。しかし、この方にあっては失うことと与えられることが恵みの中で表裏一体であることを体験したと、私の「魂」は否定できないのです。

私たち自身が地上の生涯を終えて、自分の命を失う時は、永遠の神様と生きるいのちが具体的に実現する時となります。私たちの「喪失」とは、空虚ではありません。キリストの死という最大の「喪失」が、最大の恵みの所在と根拠となったとおりです。だからこそ、この神様をクリスチャンはためらうことなく、「主」と呼びます。御子はいのちの君として生まれ、その誕生後四十日にして、老婦人にすでに輝くいのちの幸いを与えたと言えるのではないでしょうか。

この恵みにすべての人が招かれています。だから、メリークリスマス！

こまって…、わかった！　豊かな回り道

神山　美由記

イエスがヘロデ王の時代に、ユダヤのベツレヘムでお生まれになったとき、見よ、東の方から博士たちがエルサレムにやって来て、こう言った。「ユダヤ人の王としてお生まれになった方は、どこにおられますか。私たちはその方の星が昇るのを見たので、礼拝するために来ました。」これを聞いてヘロデ王は動揺した。エルサレム中の人々も王と同じであった。王は民の祭司長たち、律法学者たちをみな集め、キリストはどこで生まれるのかと問いただした。彼らは王に言った。「ユダヤのベツレヘムです。預言者によってこう書かれています。

『ユダの地、ベツレヘムよ、
あなたはユダを治める者たちの中で
決して一番小さくはない。
あなたから治める者が出て、
わたしの民イスラエルを牧するからである。』」

そこでヘロデは博士たちをひそかに呼んで、彼らから、星が現れた時期について詳しく聞いた。そして、「行って幼子について詳しく調べ、見つけたら知らせてもらいたい。私も行って拝むから」と言って、彼らをベツレヘムに送り出した。博士たちは、王の言ったことを聞いて出て行った。すると見よ。かつて昇るのを見たあの星が、彼らの先に立って進み、ついに幼子のいるところまで来て、その上にとどまった。その星を見て、彼らはこの上もなく喜んだ。それから家に入り、母マリアとともにいる幼子を見、ひれ伏して礼拝した。そして宝の箱を開けて、黄金、乳香、没薬を贈り物として献げた。彼らは夢で、ヘロデのところへ戻らないようにと警告されたので、別の道から自分の国に帰って行った。

（新約聖書「マタイの福音書」２章１〜12節）

「恐れるな」と励まされたクリスマスの登場人物たち

小学生の時に、ほとんど読書をしなかった私が、図書館で唯一楽しみに借りていた本がありました。それは「こまったさん」「わかったさん」シリーズ（あかね書房）です。

児童向けの料理童話なのですが、こまったさんシリーズ全十話、わかったさんシリーズ全十話と合計二十話もあり、三十年以上も愛されているロングセラーの読み物となっています。

主人公の〝こまったさん〟は物語の途中でよく「こまった！」と言い、そして〝わかったさん〟は「わかった！」と言いながら、料理を完成させていきます。

「こまった！」と言って戸惑ったり、道を失いかけて落胆したりする時もあれば、そこに光が差し込んで、何が真理なのかが「わかった！」と納得することもある……。それはまるで、私たちの人生の物語のようです。そして、実は聖書の登場人物も、神様の導きの中で私たちと同じような歩みをしていたのです。

世界で最初のクリスマス、聖書に登場する人物たちはみな、御使いたちから共通して同じ内容が語られていました。

バプテスマのヨハネの誕生を知らされる際、祭司ザカリヤは「恐れることはありません、ザカリヤ。あなたの願いが聞き入れられたのです。あなたの妻エリサベツは、あなたに男の子を産みます。その名をヨハネとつけなさい」（ルカ1・13）と告げられ、その後、バプテスマのヨハネが誕生します。

またイエスの母マリアは、突然の御使いの登場に戸惑ったとき、御使いから「恐れることはありません、マリア。……あなたは身ごもって、男の子を産みます」（ルカ1・30〜31）との受胎告知を受けました。一方でマリアの夫であるヨセフは、彼女が聖霊によって身ごもっていることがわかり、周囲に騒がれる前に密かに離縁しようと思い巡らしていた孤独な夜に、「ダビデの子ヨセフよ、恐れずにマリアをあなたの妻として迎えなさい」（マタイ1・20）と夢の中で御使いから告げられたのです。

さらに、羊飼いたちも羊の群れの夜番をしていた時に、真っ暗闇の夜空に突然、主の栄光が輝いたので、「彼らは非常に恐れた」（ルカ2・9）と記されています。そのように動揺を隠せなかった彼らにも「恐れることはありません。……私は、この民全体に与えられる、大きな喜びを告げ知らせます」（ルカ2・10）と救い主の誕生を告げ知らされたのです。

教会を訪れてこられる方々の中には、さまざまな人生の中で真理を求め、やがてイエス・キリストとの出会いを果たし、信じて救われるという体験をする方がおられます。それこそが、本当の意味でのクリスマスだと言えるでしょう。しかし、それは必ずしもその方々にとって良い状況の中でもたらされるとは限りません。むしろ、大半の方々が人生における「こまったなぁ」と頭を抱えるような試練や苦しみの中で、たった一つの光を見出《みいだ》すのではないでしょうか。自分の道を見失いかけた時、弱さに打ちひしがれたとき、神様から「恐れるな」と力強い御声《みこえ》で励まされていくのを体験するのです。私たちはその救い主と明確に出会うまで、この地上の旅路の中で、イエス様を探し求め、時には見失ったりする時もあります。実は、このマタイの福音書のクリスマスの記録に出てくる、「東方の博士たち」も、イエス様を探し求めて旅を始めましたが、時に見失ったりした人たちでした。

御使いが登場してくれなかった博士たち

また、この博士たちには、ほかの登場人物のように、わかりやすく御使いが登場して「恐れないで旅を進めて行きなさい」と励ましてくれたり、はるばる長い期間を旅しているにもかかわらず「救い主はこのあたりにいらっしゃいますよ」とナビゲートしてくれたりはしないのです。ですから、彼らは救い主イエスと出会うまでに、どれほど心細い思いをしたことでしょう。

しかし、どのような状況においても、救い主を切に求めて歩む者に神様はご自身を現してくださるのだと、この聖書物語は読者の信仰を引き上げてくれます。

ここに登場する東方の博士は、当時非常に天文学の進んだ地方のインテリ学者であり、上層階級の人たちでした。どうやら当時は、天文学や占星術はそれほど珍しいものではなかったようです。しかも、救い主が誕生する時には、それを知らせる星が出現するだろうという言い伝えが、広く東方世界にまで流布していたようです。

ですから、この博士たちが星を見た時に、「おおー！　ついに待ち望んでいた救い主！　ユダヤからメシア（キリスト）が現れるぞ」と判断したのは、突拍子もないことではなかったのです。

そういうわけで、彼らはひとまずそこから旅に出ていきました。

私たちなら、遠方へ旅行する際は、車の場合はまずカーナビ設定をします。また、宿泊場所などもあらかじめ予約するでしょう。しかし、当たり前のことですが、当時はそういった文明はありません。博士たちは、星を見て、救い主の誕生を確信して、とにもかくにも旅に出たように思います。具体的な目的地はわからぬまま、そこでどんな風景が待っているかも知らぬまま、それでも救い主にこの目で会えることを夢見て旅に出たのです。

博士でもルートを間違った！

日本人なら、世界の救い主がおられると聞くと、まず首都である東京にいると考える人は多いかもしれませんね。それと同じように、この博士たちも、きっと神の都であるエルサレム、しかもその王宮に救い主がおられるだろうと考えたのです。彼らは長く遠い旅路の途中、エルサレムでの光景をいろいろと想像しながら、それを楽しみに歩いたことでしょう。エルサレム市街の商店街には「救い主誕生セール！」と大々的に横断幕が掲げられたり、街行く人々に「ユダヤから世界の王が誕生！」という号外が配られていたりと、生まれたばかりの救い主がそこにおられることだけではなく、それを心から喜び祝う人々の光景が広がっているはずだと期待したのではないでしょうか。

しかし、この博士たちの期待は、いともあっさり裏切られたのです。王宮には救い主はいませんでした。

これがこの物語の面白いところです。というか、関西人で言うところの〝ツッコミどころ〟なのです。博士たちを導いた星は、どうやら彼らをストレートにイエス様のところへは導かず、あえて迷わせているのです。思わず「なんでやねん！」とツッコんでしまいたくなるのは私だけではないと思います。このツッコミどころにこそ、神様からの隠された意味と目的があるのです。

聖書をよく読むと、最初に光った星はそのまま光り続けたわけではなく、いったん姿を消し、その後、9節のところで再登場するように読めます。（〝聴くドラマ聖書〟アプリをスマホにインストールされている方は、是非この箇所を聴いてみてください。「ピカーン」と星が再び輝く効果音が鳴るので実にわかりやすいのです。）

最初に博士たちが見つけた星がそのまま光り続け、まっすぐに救い主のもとへとナビゲートしてくれさえすれば、王宮に行く必要はなかったのに、なぜ星は途中で消えたのでしょう。言い方を変えると、なぜ彼らを回り道させたのでしょう。

私たちも自身の歩みを振り返って、そう思うことはないでしょうか。なぜ神様は、私たちをまっすぐ導いてくれないんだろう。生産性もなく、無駄な時間の積み重ねのような回り道が、いったい何のために必要だったのか。そんな問いが心の中をグルグルと巡り、人と比べて歩みの遅い自分、失敗や挫折の多い自分に嫌気が差す時があります。この理由は、人それぞれいろいろあるのでしょうが、神様からすると、博士たちがイエス様に出会う前に、この王宮での出来事に遭遇することが必要不可欠だったのでしょう。

仮に、もしも彼らがまっすぐにイエス様の所へたどり着いていたならば、どうだったでしょうか。若く貧しい夫婦のもとに産まれた赤ちゃんを見ても、きっと彼らは、「えっ、これが世界の王なの？　これが救い主なの？」と疑問を抱き、イエス様を救い主として受け止めることができなかったのではないでしょうか。

では、いったい博士たちがエルサレムで見た光景とは何だったのでしょう。

予想に反した王と民の反応

彼らが都で見聞きしたもの、それは彼らの想像からはかけ離れたものでした。神々しい赤ちゃんは、宮殿をはじめ、エルサレムのどこにもいませんでした。また、「ユダヤ人の王が生まれた」というビックニュースに対して、３節には「これを聞いて、ヘロデ王は動揺した。エルサレム中の人も王と同じであった」とあります。そこにクリスマスの喜びはなく、むしろ恐れに近い動揺が走ったのです。というのも、ヘロデ王は常に反乱の危険におびえ、親族たちも殺したほど、自らの地位と権力が奪われることに対する異常な恐れを持っていました。

また、当時のエルサレムは、ローマ帝国の支配の中で、さまざまな問題や不満はありつつも、表向きには日々の生活が成り立っていたのです。そんな中で、救い主、新たな王が現れるとなれば、現在の自分たちの暮らしが大きく変化してしまうかもしれないと考えたのでしょう。ですから、ヘロデ王も、エルサレムの人々も動揺したのです。

さらに、4節で生まれたのはどこか、と問えば、5節で即座に、「ユダヤのベツレヘムです」、旧約聖書を読めばわかりますよ、と言わんばかりにサラッと答えることができる祭司長・律法学者たちも、そこまで関心を寄せようとはしません。

エルサレムで博士たちが直面した光景とは、救い主誕生への歓迎ではなく、自分の権威や立場を守ることに必死な王の保身、また指導者たちの不信仰かつ無関心な姿でした。

それこそが当時のエルサレムの実態であり、まさしく聖書が示す人間の姿そのものなのです。

博士たちは、このエルサレムの実態を目の当たりにし、肩を落としたのではないでしょうか。

「遠い東の国からはるばるやって来たのに、自分たちのこれまでの旅の努力は何だったたんだ」

「あの星は幻だったのか」「こんなことなら来ないほうがマシだった」という後悔が湧いてきたか

もしれません。さらには幼子について詳しく調べ、見つけたら知らせてほしいと嘆願するヘロデ王の表情を見た時に、何か恐ろしいことが起こるのではないかという胸騒ぎがしたことでしょう。期待は裏切られ、救い主誕生の喜びは、いつしか不穏な空気を呼び起こし、これからいったい何が起ころうとしているのか、という不安が彼らのうちに生じたのではないでしょうか。

さらに、都からベツレヘムという小さな村へ送り出された時、本当にそこに救い主はおられるのだろうか、という疑問があったかもしれません。

「もう諦《あきら》めて東の国に戻ろうよ」とゴネだすメンバーが出てきてもしょうがない状況です。

私たちも時に、この博士たちのように、神を見失い、目的地から大きく逸《そ》れた回り道をした時に、失望や落胆、後悔することがあります。

これまで求めていたものが得られなかった、ここにあると思ってここまで来たのに、それはなかったと……。

たとえば、「いい人と結婚すれば」……「会社でキャリアを積んで功績を残せたら」……「たくさんの資産を得ることができたら」……等々、これさえあればと思っても、いざ手にしてみると、そこに本当の幸せも喜びも充実感もない……そんな思いを味わったことのある方もいるかもしれません。そして、時にクリスチャンもそういう体験を味わうことがあります。

私自身もそうでした。学生時代は真面目に教会生活を行ってきたつもりでしたが、社会人になって親の目が離れ、自由なお金を手にすると、一気に心のネジが緩んでしまい、週末になると会社の同僚と終電まで遊び回って、日曜日にだけ礼拝を守る、という文字どおり形式だけのサンデークリスチャンに陥った時期があります。

上司や同僚と良好な人間関係を築き、仕事にも慣れ、やりがいを感じ、充実した日々を送っているかのように錯覚した時期もありました。しかし、ある時に人間関係が一気に崩れ、それまで心地よかった会社の空間が一気に息苦しい場所になり、自分がこれまで築いてきたものが音を立てて崩れていくかのような経験をしました。自分の力で摑《つか》んだと思えていたものが、実は砂のようなものだったと実感した時に、虚しさと絶望感でいっぱいになり、食事もまともに摂《と》れなくなったことがありました。しかし、そこで終わりませんでした。

神様はすべてを見ておられたのです。自分にとって、回り道の果ての、どん底に思えるような状況で、新たな導きを与えてくれたのでした。

再び輝き出した星

もう一度テキストに戻りましょう。9節を見ると、再び星が輝き出しています。

博士たちは、王の言ったことを聞いて出て行った。すると見よ。かつて昇るのを見たあの星が、彼らの先に立って進み、ついに幼子のいるところまで来て、その上にとどまった。

「やっぱり間違いじゃなかった。救い主はたしかに誕生されたのだ。」

再び喜びが博士たちの内に取り戻された瞬間です。

神様は私たちにとって、何が本当に大切なものなのか、何が真理なのかを見出《みいだ》すことができる最も良いタイミングで最良の導きを与えてくださるのです。

ここで再び出現した星が、博士たちの失望を希望に、不安を平安に、落胆を喜びに変えました。放蕩娘《ほうとうむすめ》をしていた私にも、星の輝きのような神様の導きに引き戻していただいた瞬間がありました。それは、お世話になった叔父が病気を苦に自ら命を絶ってしまった時です。その出来事自体はとても悲しく、どうしてもっと連絡を取ったり、寄り添うことができなかったのかと、しばらくは後悔の日々でした。そうして思い巡らしているうちに、仮に叔父が治療を受けることができたとしても、一時的な痛みの緩和にしかならず、たとえ私が連絡をとって「早く元気になってね」と励ましたとしても、それは一時的な慰めにしかならないということにたどり着いたのです。人のことばのみでは、魂は救われない。私たちのために罪を背負って十字架で死なれ、三日後に復活されたイエス様を伝えなければ、神のみことばによらなければ、人の魂は救われない。そこにたどり着いた時に、生涯をかけて神のみことばを伝える者とさせていただきたい、とかつて抱いていた献身の思いに立ち返ることができたのです。

そこに至るまでずいぶんと回り道をしましたが、その分、神様はその回り道を通して私に多くのことを学ばせてくださいました。また、私と同じように一時的にバックスライドする（教会から足が離れる）メンバーの心境に寄り添って一緒に考えたいと思えるようになりました。

それまでは生産的、資本主義、上昇的思考や成果主義といった社会的価値観に大きく影響を受けがちな自分でしたが、会社での居場所を失い、客観的にそれまでの自分の姿を見直す時間が与えられたことによって、ご自分を無にして、僕《しもべ》の身分となって私たちに寄り添ってくださった、まことの救い主の姿が心に強く迫ってきたのです。

救い主は私たちのすぐそばにおられる

博士たちが最終的に導かれた場所は、ベツレヘムにある民家であり、中には若い母マリアと幼子がいました。

しかし、博士たちは疑問に思うどころか、その幼子を見て、ひれ伏して拝んだのです。そして、宝の箱を開けて、黄金・乳香《にゅうこう》・没薬《もつやく》を差し出しました。

博士たちが見た幼子は、マリアに甘えたり、泣いたり、眠ったりと、ごくごく普通の幼子だったでしょう。母親の手を借りなければ何もできない……無力な幼子として来られた神。博士たちは、星によって導かれた、つまりは神が示された救い主が、この幼子なのだという知らせを目の当たりにします。それによって、彼らの価値観が百八十度変えられました。

すなわち、救い主とは、武力や権威をまとってこの世を支配し、人を導くような神ではなかったのです。豪華絢爛《ごうかけんらん》な宮殿ではなく、誰でも訪れることのできる貧しい民家を住まいとして選ばれ、誰でも近づいて声をかけたくなるほどのかわいい幼子の姿でこの世に来られました。上から下へ、町の中心から田舎の村へ、豪華なベッドではなく飼葉桶《かいばおけ》へ、社会の頂点ではなく底辺へ……自らを低くして私たちのもとへと来てくださった神の御子。なんと温かく、優しさに満ちた救いの知らせでしょうか。

ずいぶん前のことですが、台湾の台北市で原住民の救いのために宣教活動をされている丸山陽子宣教師のお証《あか》しをブログで読みました。台湾原住民に対する差別は今もなお根深いものがあり、原住民の子どもたちのうち、九割は大学に進学することはできないと聞きます。当然、正規雇用の就職率も低いままです。したがって、貧しい家庭が多く、さまざまな事情により歓楽街で身を売って働く若い女性や少女が後を絶ちません。丸山宣教師は夫である顔金龍牧師と一緒に、そうした歓楽街に出かけて行って、福音を伝えておられます。

あるクリスマスの夜に、丸山宣教師はささやかなお菓子とカードを携えて売春宿の女性たちを訪問します。一軒一軒、宿を巡りながらプレゼントを渡し、クリスマスソングを歌い、短時間ではありますが、共にキリストのご降誕をお祝いしたそうです。普段何の楽しみもなく、暗い表情をしたその少女たちが、そのプレゼントを喜んで受け取る姿を見て、丸山宣教師は涙が止まらなかったそうです。「イエス様がもし現代に生きておられたら、真っ先にここに来られたに違いない。イエス様なら社会から取り残されたようなこの場所で、みじめでつらい思いをしている彼女たちに一番先に会いに来られただろう……」そう記されていたのが、とても印象的で忘れることができません。

本当にそのとおりだと思います。私たちと同じように、小さい者、弱さを知る者として、共に笑い、共に泣いてくださる神。そのようなインマヌエル（私たちと共におられるという意味）の神として来られた救い主を、博士たちはひれ伏し、「これぞまことの救い主、世界の王だ」と、心からの喜びに溢《あふ》れて礼拝したのです。

回り道をも「良し！」とされる神

順調に行くことよりも、回り道したからこそ、博士たちにとって、この救いの真理が「わかった」時の喜びは計り知れなかったことでしょう。まっすぐにたどり着いてはわからない、神様ならではの真理への導きが、この回り道にあるのだと教えられます。

それはまさしく、主にあって豊かな回り道だと言えるでしょう。

博士たちにとって、この旅の途中、それも回り道の中に、彼らの心の変化、人生観や価値観の変化が起こったのです。それは「世界の王とはこうあるべき！」という世の価値観や人の常識から離れ、神様が示してくださる、まことの救い主へと導かれる信仰体験となりました。

私たちは、実に救い主との出会いに至るまで、いえ、むしろ出会ってからも、自分の歩みに挫折したり、弱さや罪に直面して押しつぶされそうになる時があります。

しかし、そのような出来事のただ中に、神様は特別な介入をもって、私たちの行く道を照らしてくださるのです。

博士たちの三つの心

博士たちの不思議な歩みをたどってきましたが、クリスマスの喜びに溢《あふ》れた彼らの行動から、私たちも大切にしていきたい三つの心を教えられます。

＊

一つ目は、諦《あきら》めずに真理を探し求める心です。

彼らは遠いバビロニアの国から約千六百キロほどかけて旅をして来ました。途中、危険な目にもたくさん遭ったことでしょう。家族を置いてくるという犠牲もあったでしょう。労力も時間も財産も費やしたのです。それなのに、自分たちが探し出した答えは間違っていました。王を表敬訪問できるほどの権威や地位、知識を持つ彼らでさえも、その旅は順調にはいかなかったのです。

それでも彼らは諦《あきら》めませんでした。

「あなたがたがわたしを捜し求めるとき、心を尽くしてわたしを求めるなら、わたしを見つける。」（エレミヤ29・13）

と神は言われます。しかしそれは、私たちの努力によって神を見出《みいだ》すというよりも、神の深い導きの中で、神が私たちとの出会いを果たしてくださるのです。

＊

二つ目は、博士たちのように、イエス・キリストを救い主として受け入れ、礼拝する心です。クリスマスは、神が私たちにご自身の愛を表すべく、かけがえのないひとり子であるイエス・キリストを幼子としてこの世に送られた出来事です。神ご自身が救い主という最良のプレゼントを私たちにお与えになった、それが私たちにとってのクリスマスの喜びなのです。

博士たちは幼子イエス見て、ひれ伏して礼拝し、自分たちの宝箱から黄金・乳香《にゅうこう》・没薬《もつやく》を差し出しました。彼らの宝箱の中でも一番良いものを献《ささ》げたのです。博士たちはこの時、本来の旅の目的であった「礼拝」（2・2）の時を果たせて、心は平安と喜びでいっぱいになったでしょう。

礼拝とは、私たち自身を神にお献《ささ》げすることです。ある人は、電車や車で時間をかけて礼拝に向かうでしょう。ある人は、あらかじめ家の用事を前日や当日の朝に済ませてから、教会へと向かうでしょう。また、教会学校の子どもたちのために手の込んだ視聴覚教材を準備してくる人もいます。

礼拝に来るためには、時間や労力、いろいろな犠牲が生じます。しかし、それを覆って余りある神の豊かな恵みと祝福がそこにあるのです。喜んで自分に与えられたものを献《ささ》げたい、そう思えるお方がおられるというのは、私たちにとってなんと幸いなことでしょうか。

＊

三つ目は、生き方を変えていく心です。

礼拝という目的を果たした後、博士たちは別の道から自分の国に帰って行きました。

それまでの歩みや価値観、人生観が変えられて、新しい道に歩む者とされました。私たちは救い主を心に受け入れ、信じた後も、私たちの道しるべとなってくださるお方の歩みに倣《なら》って生きていきましょう。博士たちにとって、幼子イエスの情報提供を求めているヘロデ王の要求に背くことは、とても勇気のいることであったでしょう。見つかったら命さえ危うかったかもしれません。しかし彼らはもう迷いませんでした。神が願っていることを求めて生きる者とされたのです。

＊

皆さんにとって、救い主キリストに向かう道は、時に険しく、挫折や困難を伴うものかもしれません。しかし、そのような中で、博士たちにとっての星の導きのような神のしるしが必ず存在したのではないでしょうか。決して無駄な回り道ではなく、万事を益とされる豊かな回り道としてくださる神。

混沌《こんとん》としたこの時代の中で、何が真実で、何が確かなことなのか、つまり真理がどこにあるのか、私たちは示された道をしっかりと歩み続け、救い主を求め続ける歩みの中に置かれていることを覚えて感謝しつつ、クリスマスの喜びを受け取ってまいりましょう。メリークリスマス！

あなたもなれる、神様の子どもに！

岸本　大樹

すべての人を照らすそのまことの光が、世に来ようとしていた。この方はもとから世におられ、世はこの方によって造られたのに、世はこの方を知らなかった。この方はご自分のところに来られたのに、ご自分の民はこの方を受け入れなかった。しかし、この方を受け入れた人々、すなわち、その名を信じた人々には、神の子どもとなる特権をお与えになった。この人々は、血によってではなく、肉の望むところでも人の意志によってでもなく、ただ、神によって生まれたのである。

（新約聖書「ヨハネの福音書」1章9〜13節）

ある男のクリスマス

さて、クリスマスの日の朝となった。うれしいことだが、見上げる空には雲ひとつなかった。すでに私たちには喜ばしい贈物がひとつ届いたことになる。つまり、輝かしい天気の恵みである。

これはアーネスト・ゴードンというイギリス人が一九四三年十二月二十五日の朝を思い起こして記したものです。そこには澄み切った青空が広がっていたようです。クリスマスを迎えるには素晴らしい朝です。しかし、その時、彼が見たのはロンドンの青空ではありません。彼が青空を見た場所というのは、タイ西部のクワイ河（クウェー河）付近にあった日本軍の捕虜収容所でした。それは第二次世界大戦中のことです。彼は戦争捕虜としてクリスマスを祝おうとしていたのです。

もともとアーネストは、神を素直に信じ、クリスマスを祝うような男ではありませんでした。しかも、捕虜収容所で虐待され、重労働を課せられ、飢えと渇きに苦しみ、さらにはマラリヤ、赤痢《せきり》、ジフテリアなどに次々とかかり、心身ともにボロボロになっていました。一時は衰弱がひどく、立てなくなったため、収容されたら二度と戻れないと言われていた「死の家」で過ごさなければならなかったほどです。「死の家」は重病人が置き去りにされていたところで、床には排泄物があふれ、悪臭が漂い、至るところで虫が這《は》い回っていました。「死の家」では生きる気力を失い、彼は次のような言葉を口にしています。

「それなら、それならたずねるが、どうして神は何もしないいんだ？　どうして沈黙したまま なんだ。天国とかいうありもしない所にいて、大きな白い玉座に鎮座ましましているだけで、何もしないいんだ？」

過酷な日々が続き、希望が見えない状況に追い詰められてしまうと、誰もが神を信じるどころか、神の存在を疑いたくなります。理不尽なことに直面し、耐え難い苦しみが続き、四面楚歌《しめんそか》の状態が続くと、「神は私を見捨てられたに違いない」と思ってしまいます。いや、神を憎み、呪ってしまうことだってあります。

この本を手にされたあなたも、もしかするとそのような状況の中で、神はなぜ沈黙されているのか……と思っておられるかもしれません。神が存在するなら、なぜ私を助けないいんだ……と考えておられるかもしれません。

あなたがキリスト者であっても、神に祈れない時を過ごしておられるかもしれません。神が沈黙され、問題が解決しない状態が続くと、神を信じるキリスト者であっても、喜んで祈れないのは当然です。

アーネストがそうでした。けれども、「神はいない。神が存在したとしても、自分には関係ない」と思い込んでいた彼が、一九四三年十二月二十五日、澄み切った青空を見て感謝し、心から「メリー・クリスマス！」と叫びました。解放され、自由になったわけではありません。「死の家」から出ていたとはいえ、過酷な環境であることに変わりはありません。けれども、彼は心から「メリー・クリスマス！」と口にすることができました。
彼に何が起こったのでしょうか。何が彼をそうさせたのでしょうか。その秘密を解く鍵はクリスマスの出来事にあります。

最初のクリスマス――神が人となられた日

最初のクリスマスの日、そこで起こった出来事とは、神が人となられたということ、神が人となって私たちの世界に来られたということです。それは映画や小説の世界で起こったとしても、現実にはありえないことです。しかし、それが現実に起こったこと、本当に起こったことだと、ヨハネは自らがまとめた福音書で次のように伝えています。

ことばは人となって、私たちの間に住まわれた。私たちはこの方の栄光を見た。父のみもとから来られたひとり子としての栄光である。この方は恵みとまことに満ちておられた。
（ヨハネ1・14）

ヨハネは、その福音書を「初めにことばがあった。ことばは神とともにあった。ことばは神であった」（1・1）と始めました。「ことば」とはイエス・キリストです。新約聖書はギリシア語で書かれていて、ギリシア語の「ことば」は特別な存在を表す際に用いられましたが、「ことば」であるイエス・キリストは天地万物を創造された神であると、ヨハネは私たちに語っているのです。

それを踏まえて、この14節でヨハネは、「ことば」が、つまり神であるキリストが、「人となって、私たちの間に住まわれた」と語ります。「人となって」というのは、直訳すると「肉になって」となります。これは、神が人間と同じ肉体をまとわれた、ということです。神が私たちと同じ姿になってくださったというのです。

「住まわれた」というのは、これも直訳すると「天幕を張って住んだ」となりますが、そこからさまざまな意味を読み取ることが可能です。その一つをご紹介しますが、天幕というのは昔のユダヤの人々が家として使用したもので、彼らは天幕で暮らしていましたから、「住まわれた」、すなわち「天幕を張って住んだ」というのは、神がイエス・キリストとして私たちと同じような暮らしをして、同じような生活をされた、ということです。

神は目に見えない方であり、形を持たない存在です。ユダヤ教の世界でも、イスラム教の世界でも、神が人となるなんて考えもしませんし、それは絶対にあってはならないことです。けれども、天地万物を創造された神は、あえてイエスという形ある有限な人間となり、肉体を持って時間と空間に縛られる存在となり、歴史の中に足を踏み入れられました。神が、ご自身の本質や存在方法を変えてまで、この世界に来られたのです。それは、神が私たちと同じ生活を送り、私たちと同じ経験をしたということです。

私たちと共に悩み、共に苦しまれる神

あのクリスマスの夜、ヨセフとマリアの間にお生まれになったイエスは、生まれて間もなく飼《かい》葉《ば》桶《おけ》の中に寝かされました。飼葉桶とは家畜用のえさを入れる桶ですから、おそらくイエスは、宮殿や豪邸などではなく、家畜小屋で生まれたのでしょう。そこは家畜の異臭が漂うところです。

その後のイエスのご生涯も、豊かさや贅沢《ぜいたく》な生活とは無縁でした。華々しいものは何一つありません。それればかりか、多くの人々から誤解され、虐《しいた》げられ、弟子たちにも裏切られ、見捨てられました。十字架の死に至るまで、苦悩の人生を歩まれました。そのようにして神が、一人の人間として、私たちと同じように悲しみ、苦しみ、悩まれたのです。

アーネスト・ゴードンは、同じように捕虜生活を送っていたダスティとミンディとの出会いを通して、聖書に関心を抱き、仲間たちと聖書を読むようになり、そこで改めてイエス・キリストを知ることとなります。アーネストはその時のことを次のように記しました。

聖書を読みすすめるうちに、話し合いを重ねるうちに、私には、そして同じ集会の仲間たちには次第にイエスという人間がわかってきた。私たちは感じた、イエスはわれわれのうちの一人だったのだ。イエスはわれわれの問題と同様の問題に苦しみ、自分自身取り組んだのだから、イエスならばこの苦しみをわかってくれるだろう。われわれのようにイエスも身体を休めるため枕する所を持たなかった。食物がなくやはり腹ぺこだったんだ。……

神がなぜ沈黙なさっておられるのか、その理由は私たちにわかりません。しかし、神は今も働いておられます。神は私たちに無関心な方ではありません。聖書が私たちに語っている神は、空高く、別の次元に鎮座し、私たちを呑気《のんき》に眺めているような神ではありません。かつてエジプトで虐《しいた》げられているご自分の民をご覧になった神は、「わたしは、エジプトにいるわたしの民の苦しみを確かに見、追い立てる者たちの前での彼らの叫びを聞いた。わたしは彼らの痛みを確かに知っている」（出エジプト3・7）とおっしゃいました。

私たちの悩みや苦しみ、叫びや痛みをすべてご存じの神が、イエス・キリストとして、私たちの世界に下ってこられたのです。全知全能の神は、私たちの苦悩を天にあっても十分に知ることがおできになるはずですが、神はイエス・キリストのお姿となって、自ら悲しみ、苦しみ、悩みながら、私たちと同じように歩んでくださいました。

アーネストはこのことについて次のようにも述べています。

人間にとってうれしい言葉、よき音信とは、ひとがその苦悩を神に背負ってもらえるということである。神は、キリストを通して、それを背負っておられる。なぜならば、神とはそういう方なのであるから。神は獄舎に繋《つな》がれている者を解放して下さった。責任を回避したりはなさらなかった。ご自分の子供たちである私たちが最も悲惨な、最も残酷な苦痛を体験しているとき、神は私たちとともにおられた。たとえそれが私たちすべての者を破壊させるかに思える苦痛であってもその苦痛を、いや死そのものすらも、分け持ってくださっている。神はそのようにして私たちの苦悩を知ってくださったのです。私たちは独りではありません。神が一緒になって私たちと苦しみ、悩んでくださいます。このことは、どんなに喜ばしいことでしょうか。どんなに幸いなことでしょうか。

神の子どもとなる特権

イエス・キリストにおいて私たちの苦悩を知ってくださる神は、それだけにとどまらず、私たちをご自身の子どもとされるためにこの世に来られたと、ヨハネは次のように記しました。

すべての人を照らすそのまことの光が、世に来ようとしていた。この方はもとから世におられ、世はこの方によって造られたのに、世はこの方を知らなかった。この方はご自分のところに来られたのに、ご自分の民はこの方を受け入れなかった。しかし、この方を受け入れた人々、すなわち、その名を信じた人々には、神の子どもとなる特権をお与えになった。この人々は、血によってではなく、肉の望むところでも人の意志によってでもなく、ただ、神によって生まれたのである。（ヨハネ1・9～13）

ここでイエス・キリストが「まことの光」であると語られています。「まことの光」であるイエス・キリストはこの世に来られたけれども、この世では受け入れられなかった。しかし、イエス・キリストを受け入れ、その名を信じた者は神の子どもとなるというのです。

ここで語られていることは祝福です。私たちが神の子どもとなり、神を「天のお父さま」と呼ぶことのできる祝福です。

残念なことに、本来、私たち人間というものは、神に造られ、尊いいのちを与えられながらも、自分でも気づかないうちに、神に逆らい、神を無視して、神の戒めを破ってしまう性質を持っています。神を「天のお父さま」と呼んで親しく祈ることよりも、神を忘れて生きることが自由であり、幸せだと思い込み、自分勝手に生きてしまう傾向があります。いわば私たちは、神にとっては反逆児であり、罪人です。本当は神の子どもとなる特権を与えられるはずもないのが私たちです。

しかし、神は、イエス・キリストによって、どれだけ罪深く、醜《みにく》く、汚《けが》れた存在であっても、私たちを愛し、赦《ゆる》し、ご自分の子どもとしてくださるのです。ご自分を裏切った弟子たち、ご自分を死に追いやった人々を前にして、イエス・キリストは十字架上で、「父よ、彼らをお赦しください。彼らは、自分が何をしているのかが分かっていないのです」（ルカ23・34）と祈られました。そこでの「彼ら」とは、裏切った弟子たちや死に追いやった人々だけではありません。神を無視して生きようとする、現代に生きる私たちを含んでいます。さらに、十字架の死からよみがえられたイエス・キリストは、私たちを裁き、復讐するどころか、今も私たちの傍《かたわ》らにあって、私たちのために、父なる神に祈っておられるのです。

だからこそ、私たちはどのような者であっても神の子どもになり、天地万物を創造された神を「天のお父さま」と呼ぶことができるのです。「この人々は、血によってではなく、肉の望むところでも人の意志によってでもなく、ただ、神によって生まれたのである」とありますが、どんな家柄に生まれていても、どんな環境に育っていても、どれだけ酷《ひど》い過去を背負っていても、私たちの行いがどうであろうと、そんなことは関係ない、ということです。

どんな者でも神様の子どもになることができる。それは「特権」です。「特権」ということばが登場しますが、もともとこれは「権威」ということばで、他の聖書の翻訳では「資格」や「力」となっています。ここに引用した「新改訳２０１７」では「特権」となっていますが、これは素晴らしい翻訳だと私は思います。「資格」や「力」というのは、読み方によっては、私たちの信仰の力や善行が問われるようなニュアンスを醸《かも》し出しかねないことばだと思うのですが、「特権」というのは、いわば「特別扱い」であり、「例外」です。神が、イエス・キリストを通して、私たちの信仰や行いを問うことなく、「特別扱い」で、「例外」として神の子どもとしてくださるということです。

神の子どもとなるリアリティ

もうずいぶんと前になりますが、駆け出しではなかったものの、私が牧師として経験が浅かった時のことです。ある日のこと、一人の女性が教会に立ち寄られました。「牧師さんですか？突然ですが、少しお話を聞いてもらってもいいですか？」と、平日の午後、アポなしでの来訪です。

教会堂に入ったものの、彼女は初め、なかなか口を開こうとはしませんでしたが、少しずつ自分の生い立ちを語り始めました。それは壮絶なものでした。貧しく複雑な家庭に生まれ、虐待を受け、満足な教育も受けないまま、働きに出て……。しかも、あるトラブルから大きな借金を抱えたため、女性として身体を商売にする仕事をして生活をしているというのです。私はひたすら彼女の話に耳を傾けるだけでしたが、心の中で絶句しました。

苦しい生活、孤独な毎日、将来への不安……そんな言葉が垣間見えるような話の中で、彼女はそっと呟《つぶや》きました。

「私のような人間は、このまま生きてていいんでしょうか？」

そのことばを聞いて、「あなたはどう思いますか？」と問いかけた後、しばらく沈黙の時間が流れました。私も、正直なところ、何を言って良いものか、まったくわかりません。

その後、「神様はあなたのことを決して忘れてはおられません……」と切り出して、聖書からいくつかのことを語りました。「誰でも神様の子どもになることができます。神様の子どもとして生きましょう。ご一緒させていただきますから、弁護士のところへも行きましょう」とも伝えました。それが上手く伝わったのかどうかわかりませんが、彼女はまた沈黙した後、涙ながらにこう言いました。

「私でも神様の子どもになれるんですよね。じゃあ、私は生きていてもいいんですね。」

私は彼女のこのことばを忘れることができません。「私でも神様の子どもになれるんですよね」ということばに強く頷《うなず》きながら、神の子どもになるということのリアリティが自分にも激しく迫ってきたように思えたからです。

イエス・キリストは、苦しみ、悩み、傷ついた人たちをそのままで受け止め、その一人ひとりと共に歩まれました。その中には、罪人、取税人、娼婦、ハンディキャップを抱えた人、愛する者を失った人、差別された人など、さまざまな人がいましたが、イエス・キリストは彼ら彼女らを何ひとつ非難することなく受け止め、愛されました。新約聖書の四つの福音書には、イエス・キリストとその人たちの出会いが数多く記されています。その人たちは、イエス・キリストとの出会いによって、「神がこの私を見捨てていない」ということを知り、どんなところにあっても神の子どもとして生き抜く力と希望を与えられました。

生き抜く力や希望というものは、自分で作り上げることはできません。けれども、どんな人間であっても、どんな人生を送っていても、神様の子どもになれます。そのことで生き抜く力と希望が必ず与えられます。彼女もそうです。「私でも神様の子どもになれるんですよね。私は生きていてもいいんですね」ということばを聞いて、彼女は神様の何かを受け取ってくれたのです。

彼女と共に祈った後、「また連絡をお待ちします」と言って見送りましたが、その後、音沙汰《おとさた》はありません。いや、一度だけ、非通知の着信で彼女から教会に留守電がありました。それは、「先日はありがとうございました。私、神様がいらっしゃるんだから、生きていけるように思えました」という内容でした。

その後の彼女のことはわかりません。あの時、彼女のためにもっと何かできたのではないかという後悔にも似た思いがないわけではありません。彼女にはどこかで教会に繋《つな》がってほしい、神様の子どもとして歩んでほしいと、折に触れて彼女のことを覚えて祈ります。彼女にもう一度会う機会が与えられたら、こう伝えたいと思います。

「神様は今でもあなたのことを忘れてはいません。あなたも神様の子どもになれるのです。」

イエス・キリストを信じることへの招き

神の子どもとなる特権を与えられたのは、イエス・キリストを受け入れ、その名を信じた人々です。ということは、私たちが神の子どもとなるためには、イエス・キリストを信じることが求められます。

ヨハネの福音書には「その名を信じる」とありますが、ユダヤの人々の間で「名前はその人の本質を表す」と考えられていました。それは、イエス・キリストを単なる歴史上の偉人、道徳家や革命家として信じるということではなく、神としてのイエス・キリストの本質を信じるということです。

ところで、信じるとはどういうことでしょうか。あなたは信じるということをどうお考えになっておられますか。

以前、ある教会を訪れた際、その教会に集っておられた方から、「信じるってどういうことですか？」と質問されたことがあります。いきなりのストレートな質問だったので、少々戸惑いましたが、「信頼することです」と答えました。信頼といっても、それは上から目線で「お前のことを信じてやるよ」という意味での信頼ではありません。私がそこで答えたかったことは、「神様のおっしゃっていることを自分のこととして受け止め、それにお任せする」という意味での信頼です。

クリスマスの出来事がなぜ起こったのか。それは、「わたしはあなたを愛している。あなたにどんなことがあっても、あなたがどんな者であっても、あなたを決して見捨てない」というメッセージを、神が人となって、イエス・キリストの言葉と存在を通してお語りになるためです。そのメッセージを自分のこととして受け止め、「神様、こんな私ですが、お願いします」ということが信頼であり、信じることだと私は考えています。

あなたはイエス・キリストを信じようかどうか迷っておられるかもしれませんが、その迷っているあなたも神は顧みてくださっています。迷っておられるあなたを神は決してお見捨てになることも、お忘れになることもありません。神は今もあなたのことをご自分のもとへと招いておられます。だからこそ、イエス・キリストを信じて神の子どもとして歩むことを考えていただきたいのです。

アーネスト・ゴードンは、クリスマスの出来事を自分のこととして受け止めました。神からの「わたしはあなたを愛している。あなたにどんなことがあっても、あなたがどんな者であっても、あなたを決して見捨てない」というメッセージを、イエス・キリストを信じることで受け止めたのです。「私たちすべての者を破壊させるかに思える苦痛であってもその苦痛を、いや死そのものすらも、分け持ってくださっている」神に信頼したのです。そうすることで、捕虜収容所の中にあって生き抜く力と希望を与えられました。

あなたがどのような人物であっても、あなたがどんな環境で生きてきたとしても、あなたも神様の子どもになれます。神様の子どもとして生き抜く力と希望が、あなたにも与えられます。

主なる神様があなたを祝福し、イエス・キリストにある力と希望をお与えになりますように。

アーメン。

（参考　E・ゴードン著、斎藤和明訳『死の谷をすぎて クワイ河収容所』新地書房）

疲れた者を立たせる神

安藤 理恵子

「すべて疲れた人、重荷を負っている人はわたしのもとに来なさい。わたしがあなたがたを休ませてあげます。わたしは心が柔和でへりくだっているから、あなたがたもわたしのくびきを負って、わたしから学びなさい。そうすれば、たましいに安らぎを得ます。わたしのくびきは負いやすく、わたしの荷は軽いからです。」

（新約聖書「マタイの福音書」11章28～30節）

年末が近づくと、私たちは互いに言います。「一年が経《た》つのはあっという間だなあ。」年を重ねるごとに、時間が経つのは本当に早くなります。子どもの頃には、一日があんなに長かったのに、大人になると、次から次へとやらなければならないことを思いつく人生になります。暇な人だと見られるのも嫌で、忙しく何かに手を出して過ごします。何もしなくてよい日ですら、気持ちから焦りが抜けません。そんな私たちにとって、生きていく疲れがたまりにたまる一年の終わりには、いったんすべてを忘れる区切りをつけたいところです。クリスマス会や忘年会で、いつもより少し豪勢に一年を締めくくり、新しい苦労が入る隙間《すきま》を自分の中に作りたいですね。

聖書はそんな私たちの日常に、神を登場させる書物です。わざわざどこか神聖な場所に行かなくても、慌ただしくまとまりのない生活をしている私たちのすぐ隣に立っている神に気づかせようとするのです。

「すべて疲れた人、重荷を負っている人はわたしのもとに来なさい。わたしがあなたがたを休ませてあげます。」（マタイ11・28）

聖書のことばは、読み手となった人々に直接語り掛けます。「これはあなたへのことばだ」とでもいうように。このことばは、二千年前にイエスが人々に語ったことばですが、もし自分の心にうっすらとした疲れがあるなら、あるいは体の節々に痛みと疲労があるなら、このことばはあなたに語られているのです。

信頼するということ

見知らぬ人に「来なさい」と言われて、そのままついていく人はいません。その人がどういう立場の人で、何ができるのか、その代償に何を求めてくるのかがわからなければ、誰もついていかないでしょう。しかし、本当に心身ともに疲れ切っている時には、誰でもいいから助けてほしいと思う時がありますね。いつもの自分なら馬鹿にしているような陳腐な励ましの言葉にすら、涙がこみ上げてきたり、ストレートなことばが心に刺さったりする時があります。「本当はそうなのかもしれない」「助けを求めてもいいのかもしれない」という期待が心によみがえるような時です。

しかし、そんな気持ちになるのは、危うい時でもあることを私たちは知っています。こんな弱さを誰かに気づかれて、笑われたり、つけ込まれたりしたら大変だから、そういう自分になる時には、いつもの知り合いがいないような安心できるところを探します。危うい自分を見せられるほど、他人を信用できるようになることはめったにありません。

日本で育っていると、とにかく周りの人に迷惑をかけないように心がけるようになります。また、人の態度には裏表があることを、自分自身を含めても悟らされるので、人を心から信用することは難しくなります。失望するダメージを避けるために、あまり多くを期待せずに諦《あきら》めるようにしてきた領域を、私たちはそれぞれ持っているのではないでしょうか。「信用できる」「信頼される」という人間関係がドラマやアニメのテーマになりつづけているのは、それが現実の人間関係で難しいことであると同時に、私たちの憧《あこが》れであることを示しているのではないでしょうか。

多くの場合、私たちは「信頼できる人がいない」という不満を持ちます。しかし実は、自分自身も信頼できない存在であることを知っているのです。人に期待して幻滅したくないのも本当ですが、人から期待されて幻滅されるのはもっと怖いのです。

たましいの疲れ

私たちの疲れは、体の疲れだけではありません。さまざまな気遣いや心配を繰り返すことで、心も疲れます。しかしさらに、心の疲れと呼ぶには足りない疲れもあるような気がしませんか。特に大きな事件や苦労があるわけではなくても、漫然とした不安や、生きる力が希薄になることがあって、たましいの疲れと言えるようなものが人間の深いところにはあるのではないかと思うのです。

このような私たちの現実に、聖書が語る人間理解は絶妙に当てはまります。たましいの疲れは、ときには寂しさや空しさということばでも言い表せるものです。この欠落感は、聖書のことばの「罪」に合致するのです。

聖書が指摘している人間の罪とは、何か悪いことをした、言った、誰かを傷つけた、ということではないのです。具体的に悪い行為をしていなくても、むしろ善良であろうと努力していても、私たちの心の中心には自分しかいません。自分に見えている世界しか見えないし、自分が認める正しさしか認められないし、自分が想像できる神しかわかりません。人間はみんなそうです。この誰もが持っている自己中心性が、聖書の中で罪と呼ばれているものなのです。

罪の本質とは、神を知らないということです。神の存在を認めていても、自己流に理解することで神を片づけてきました。本当の神を知らない私たちは、いつもどこかで不安を抱えています。自分で自分を守るために、怒り、攻撃し、時には優しくし、配慮し、卑屈にもなります。私たちは自分の不安に駆り立てられて、結果として、他人や自分の人生を壊したり、偽ったりしていく言葉や行為を繰り返してきたのです。

私たちの寂しさや空しさは、だんだん重たくなっていく人生の荷物のようなものです。真面目に生きている人ほど、この重さに気づいているのではないでしょうか。私たちは思います。

「こんな目にあっているのは私だけなのではないか。」

「私だけがこんなに孤独なのだろうか。」

いいえ。私たちはみんな心に闇を持つ罪人です。あなたの妬《ねた》みや憎しみ、後悔や自己嫌悪は、生まれてきた人間すべてが受け継いでいる罪という病の症状なのです。

神を信頼することへの招き

しかしたましいの疲れには、癒やされる道があります。イエスは、癒やすことのできる救い主として自分を信頼するようにと、私たちに呼びかけています。

「すべて疲れた人、重荷を負っている人はわたしのもとに来なさい。」

人生は空しいものだと自分に言い聞かせながらも、私たちは家族のために、誰かのために、がんばり続けてきました。しかしこのような生き方は、神を無視する不信仰な態度でもありました。なぜなら私たちは、完全に信頼できる神がすぐそばで待っているのに、気づかないことにしてきたからです。神の助けはいらない、どうせ神は助けてくれないのだと、無力で冷酷な存在として神を決めつけてきたのではないでしょうか。

私たちの信頼にそのまま答えることのできる神が、ひとりだけいます。この神は人間に対して不誠実だったことはありません。聖書の神は、人間を造った時から愛を注ぎ、必要なものは必要以上に用意し、その中から選び取っていく喜びも人間に与えてきました。神が人間を裏切ったことはありませんが、人間は神に対していつも勝手に不安になり、怖がり、疑いと不満を持ってばかりいました。そして目に見えない本物の神に信頼するよりは、目に見える神々を自分で作って拝むことを繰り返してきました。旧約聖書は、そのような神と罪人の歴史を、イスラエル民族の姿を通して浮き彫りにしています。

「わたしのもとに来なさい」というイエスのことばは、「ひとりで生きるな」という戒めのことばでもあるのです。ひとりでもがいてきた人生は、もうこれまでで十分です。私たちはそもそも、ひとりで生きるように造られた存在ではありません。イエスは私たちをひとりにすることのない同伴者、永遠に共にいてくださる神として、自分を差し出しているのです。

へりくだった神の愛

「わたしは心が柔和でへりくだっているから、あなたがたもわたしのくびきを負って、わたしから学びなさい。そうすれば、たましいに安らぎを得ます。」(マタイ11・29)

「柔和でへりくだっている。」このような言葉を自分で言う人はいません。自分の謙虚さを自ら語るのは、日本文化ではありえないことです。しかし、このイエスに限っては、このような自己表現をしてよい事情がありました。それは彼の出生に関することです。

聖書はイエスの誕生の経緯が普通ではなかったことを記録し、キリスト教会はクリスマスを祝うことによって、その事実を伝え続けています。彼は、この世の創造主が人となった方であり、目に見えないはずの存在が形をとって現れた方でした。イエスにとっては、人間として生まれた時点で、本来の神としての立場を捨てたのであり、人として存在していることそのものが不当なあり方に甘んじていることでした。確かにイエスは、生まれながらにへりくだった方なのです。

イエスが人となって来たのは、人間として人間の間に住むことで、神の姿を目に見える形で人間に伝えるためでした。それは神の愛を人間に気づかせるためです。そしてイエスの生まれた目的は、人間たちの罪のために身代わりの死を十字架上で果たすことでした。それは人間たちの罪が赦《ゆる》されるためです。死んだ後、三日目によみがえったことも、予定されていたことでした。それは人間たちが、イエスこそ救い主であることを見分けて、信じて救われるためです。

イエスは人間を非難したり責めるために来たのではありません。人間に仕えるために来たのです。全世界の創造主がなぜそこまでするのか、率直に言って、私たちにはわかりません。聖書は、神は私たちを愛してくださっているから、私たちのためにいのちを捨ててくださったのだと説明しています。

しかしなお、なぜ私たちがそこまで愛されるのかは、謎のままです。神の死と引き換えにしてよいほどの何かを、私たちが持っているというのでしょうか。いいえ、持っていません。イエスの死に表れている神の愛を思うとき、このような愛され方に自分がふさわしいと思える人はいないはずです。むしろここには、この神がどのような神であるかが示されていると言えるでしょう。神は愛なのです。神は、その愛にふさわしくないものを愛し、愛を注ぐことを通してふさわしくないものをふさわしいものへと変えていく、愛そのものと言える方なのです。

私たちが人間関係の中で愛と呼んでいたものは、ぼんやりとした頼りにならないものでした。

この神こそが、私たちが愛と呼んで憧《あこが》れ続けてきたもの、私たちのたましいを満たすことができるものの正体なのです。

神はありのままの私たちを愛し、かつ私たちをそのままにはしておきません。神の愛にふさわしく、愛されている神の子として、愛することができる者へと変えていくのです。ですから私たちが救い主イエスを信じるということは、神の愛が自分を変えてくれる人生を始めるということなのです。ひとりでがんばってきた人生は、救い主が同伴することによって新しいものになります。それは本来の自分になっていく人生でもあります。自分も他人も気がつかなかった、神が造られた本来の自分を生きていく、自由や喜びを感じられる人生になっていくのです。

「わたしのくびきを負いなさい」

では、変えられていく人生とは、どのようなものなのでしょうか。ここには、イエスと共に歩み続けるための二つのあり方が命じられています。

一つは、イエスと同じくびきを負うことです。くびきとは、農作業をする二頭の牛が足並みを揃えて進むために、牛の肩に装着する器具を指します。くびきをつけた二頭は、離れずに一緒に仕事を担います。同じくびきを負うということは、ずっと隣にいて離れないという関係に入ることです。イエスは、「わたしのもとに来たら、もうわたしから離れるな」と言っているのです。

イエスを信じた後も、もっとリアルでわかりやすいものに頼りたくなることがあるかもしれません。信仰よりも何かを優先させたり、明らかに自分に信仰を忘れさせるような関係を続けることで、イエスとの距離を感じるようになることもあるでしょう。イエスを知らなかった時に感じていた、気持ちがすさみ、たましいが渇くような生活に戻ってしまうときもあります。しかしそんな時でも、あなたの肩には見えないくびきがあるのです。すでにあなたはイエスと共に生きる者として、隣にはイエスがいます。顔を上げて、イエスが共にいることを自分に言い聞かせましょう。「もう見捨てられた」とか、「また元どおりの生活だ」とか、自分で決めつけてはいけません。

神を忘れやすい人間に対して、聖書は繰り返し神のメッセージを伝えています。

「恐れるな。わたしはあなたとともにいる。
たじろぐな。わたしがあなたの神だから。
わたしはあなたを強くし、あなたを助け、
わたしの義の右の手で、あなたを守る。」(イザヤ41・10)

私たち罪人は、毎日さまざまな恐れに囲まれて歩んでいます。心配や不安は、共にいてくださる神を忘れるときに、私たちの心に広がるものなのです。ですから私たちに必要なのは、くびきを共に負ってくださっている救い主がいることを思い出すことなのです。神はいつも私たちと共におられます。神のほうから私たちを離れていくことはありません。神は自分自身を思い出させようと、私たちに呼びかけ続けています。「恐れる必要はないのだ。怖がらなくても大丈夫なのだ。わたしに気づきなさい。あなたを愛し、あなたを赦《ゆる》し、あなたを助ける神であるわたしが、ここにいるのだから、心配しなくてもよいのだ」と。

聖書の神は、自分を信頼することを私たちに要求します。すなわち、信仰を持つことを求めます。神への信仰を持つということは、神に対する態度の決定的な変更だと言えるでしょう。そしてこの方向転換こそが、私たちを人間としてもっとも安らかなあり方へと立ち返らせるものなのです。

「わたしから学びなさい」

イエスと共に歩み続ける二つ目のあり方は、イエスから学ぶということです。誰かのすぐそばで時間を過ごせば、その人の影響を必ず受けます。言葉や態度、こだわりが自分の生き方と重なっていきます。それと同じように、この方がどういう方なのか、世界にとって、自分にとって、どのような存在なのかを知っていくことが、イエスから学ぶということです。

具体的には第一に、聖書のことばを聞いたり読んだりすることによって、自分がすでに持っている神のイメージを変えていくことです。家族や社会から教えられてきた価値観を、塗り替えていく作業だとも言えるでしょう。聖書を通して、神は自分が思っていた以上にスケールの大きな方であり、心のひだにも入り込むことのできる繊細で深い方だと驚き続けることです。イエスによって与えられた救いが、今自分の中に広がりつつあるのは、聖霊が自分の内に生きておられるという神秘によるのだということにも驚かされることでしょう。神が共にいてくださるという事実は、人間の知性や感性を超えたかたちで神に取り囲まれていることなのだと、繰り返し教えられていくはずです。

第二に、イエスから学ぶということは、祈りを日常生活に加えることです。祈りとは、私たちの願いをそのまま神に聞いていただけるという特権を行使することです。クリスチャンは「イエスの名によって祈ります」というようなことばで閉じる祈りをささげます。これは救い主イエスを通して、神と通じている自分になっているということを確認している表現でもあります。どのような時でも、神と会話をするように、正直な祈りを感謝とともにささげていきましょう。

第三には、イエスを信じている人たちと共に教会で礼拝をささげることが、新しい人生の中心となる習慣です。イエスと共に生きることとは、イエスへの信仰を持つ人々と家族になることでもあります。クリスチャンとして生活していく中での疑問や困難について、教会にはそれをすでに経験してきた先輩がいることでしょう。あるいは今その経験の最中の人がいるかもしれません。そのような人々と話し合い、祈り合うことは、神の家族が地上で具体的に心をひとつにするときです。そのような祈りの場には、イエスが必ず共にいてくださいます。そして、それぞれの祈りが答えられるたびごとに、私たちは神が生きておられることを共に確かめ合っていくのです。

もし「できるものなら信じたい」「信じられたら幸せなのだろう」と思っている人は、ぜひ「信じさせてください」と祈ってみましょう。「今さら、神を信じるなんてもう遅い」と思っている人には、神は時を超えた方であることを知ってもらいたいと思います。神を信じることに、早すぎるということはないし、遅すぎるということもありません。なぜなら、あなたが信じたその時から、神は永遠のいのちをあなたの内に始めてくださるからです。永遠が自分のものになるとするならば、あなたのそれまでの人生の長短はこだわるほどのことではなくなるのではないでしょうか。

たましいの安らぎとは、「自分はいるべきところに戻ってきた」というような安心感です。「探していたものはここにあった」という納得感でもあります。実際には病気やストレス、避けられない苦難が相変わらずあったとしても、イエスと共にいることで、そのただ中でも落ち着いていられる平安というものが心に宿ります。今までは人のことばや顔色に振り回されてきた心が、神のことばによって、人知を超えた安らぎにとどまれるようになります。神の守りと導きに対する信頼を自分が持てているということに、自分でも驚くことでしょう。

イエスと共に働く

「わたしのくびきは負いやすく、わたしの荷は軽いからです。」（マタイ11・30）

イエスは私たちを休ませてくださいますが、私たちから仕事を取り上げるわけではありません。本来の私が負うべきものを負えるように、仕事を一緒に担ってくださるのです。仕事に対する恐れや心配を取り除きながら、一歩一歩前進させてくださいます。

私たちはキリストを信じることによって弱々しい人間になってしまうのではありません。自分のありのままの弱さを認めても、強く立ち続けていられるように、神が共に歩んでくださるのです。担うには重すぎる、怖すぎる責任というものが時としてあります。しかしそれを神が導いておられ、共にいてくださるならば、取り組もうと思うことができる私たちになります。そして神に信頼しながら取り組み始めた後に、実は自分に成し遂げていく力や仲間が与えられていることに、気づかされていくのです。

神は「わたしの前では素直に弱さを認めなさい。そしてわたしに力を求めなさい。わたしにつながっていれば、あなたは力を受け続けることができる」と、励ましてくださいます。結果として、私たち自身は弱いままであるにもかかわらず、神と共に歩む中で、大きな責任を担えるようになっていくのです。

イエスを信じることによって、自分の置かれている場所や仕事に新しい意味を見出《みいだ》すようにもなることでしょう。生活するために仕方なくやっていたことも、神のため、そして神が愛している人間たちのための仕事として、受け取れるようになっていきます。もしかしたら、まったく新しい仕事が与えられる場合もあるかもしれません。

そして働く中で、改めて疲れてしまうこともあるでしょう。しかし、神と共にあるあなたは、疲れ果てても再び癒やしてくださる方を知っているので、安心して眠ることができます。そして、やがてそれぞれに訪れる肉体の死ですら、再びよみがえらせてくださる方を知っている私たちには、安らかな休息への招きとなるのです。

今日もあなたは大きなため息をついているかもしれません。その疲れをそのまま持って、イエスのもとに来ませんか。そしていつものため息を、祈りに変えてみませんか。救い主はあなたの祈りに答えて、安らぎを与えてくださいます。

若者も疲れて力尽き、
若い男たちも、つまずき倒れる。
しかし、主を待ち望む者は新しく力を得、
鷲のように、翼を広げて上ることができる。
走っても力衰えず、歩いても疲れない。（イザヤ40・30〜31）

岸本大樹　大阪聖書学院学院長
大嶋重德　鳩ヶ谷福音自由教会牧師
大田裕作　アンテオケ宣教会総主事
錦織寛　東京聖書学院学院長
菊池実　東京基督教大学教授
神山美由記　嘉手納アッセンブリー教会牧師
安藤理恵子　玉川聖学院学院長

メリー・クリスマス・トゥ・ユー！
～あなたに伝えたいこと～

2022 年 11 月 25 日発行
2023 年 11 月 25 日三刷

著　者　岸本大樹・大嶋重德・大田裕作・錦織寛・
菊池実・神山美由記・安藤理恵子

発　行　いのちのことば社
164-0001 東京都中野区中野 2-1-5
TEL 03-5341-6920
FAX 03-5341-6921
e-mail：support@wlpm.or.jp
ホームページ http://www.wlpm.or.jp/

新刊情報はこちら

乱丁落丁はお取り替えします　Printed in Japan

ISBN978-4-264-04391-1

Merry Christmas to You!